飯《いい》舘《たて》村の母ちゃんたち

福島・女性たちの選択

古居みずえ 著

はじめに――飯舘村の母ちゃんたちとの出会い

2011年の東日本大震災と東京電力（以下、東電）第一原子力発電所（以下、原発）の事故がなければ、私は福島県相馬郡飯舘村《いいたてむら》に行くことも、飯舘村の母ちゃんたちに会うこともなかっただろう。

母ちゃん（たち）と呼ぶのは、お母さん（たち）や女性（たち）と呼ぶよりも、愛情がこもっている呼び方で、母ちゃんは愛称だからここではすべて母ちゃんとよばせていただく。

私はそれまでジャーナリストとして、中東のパレスチナに長年通い、イスラエル占領下のパレスチナ人の生活や暮らしを記録してきた。アフリカ諸国やアフガニスタンなどにも行ったが、最も長く続いたのはパレスチナだった。それほど私はパレスチナの地と人々に惹かれていたのだ。

しかし2011年3月、東日本大震災が起こり、そして原発事故が発生した。私は今まで見たこともない甚大な被害に、何をすべきかを見失った。

私が所属しているアジアプレス・インターナショナルの仲間の車に同乗させてもらう機会があり、宮城や岩手の被災地を訪れることが出来た。しかしそれでも私は何をすべきかがわからず、途方に暮れているうちに1カ月が過ぎて行った。

4月の終わり近く、大船渡に滞在しているとき、テレビから「全村避難」という文字が飛び込んできた。そこには、怒り、戸惑う村の人々の姿が映っていた。ニュースを追うごとに、故郷を追われる飯舘村の人たちの姿と、70数年を難民として生きてきたパレスチナの人々の姿が私の中で重なった。私は飯舘村に行きたいと思った。

当時、福島の取材をしていた数人のジャーナリストたちがすでに飯舘村に入っていた。私はその一人だった森住卓さんに同行させてもらった。

最初に森住さんが引き合わせてくれたのが、後に取材対象となる長谷川花子さんだった。飯舘村には宿泊施設があまりなく、計画的避難区域に指定されてからは、人々は避難を始めていて、村内にいる人が少なかった。酪農家など牛の仕事をしている人たちは、牛を置いて行くこともできず、牛の移動が決まるまで待つことにしていて、避難をしていなかった。私は長谷川さんのお宅には初日から泊まらせて頂き、ジャーナリスト仲間も頻繁に泊まらせてもらっていた。迷惑そうな顔もせず、花子さんは私たちのお世話をしてくれた。

花子さんの夫・健一さんは前田地区の区長で、原発事故以来、前田地区の全世帯の空間線量を測っていた。私はその測定に同行させてもらった。その日は酪農家から初めて牛が屠畜に出される日だったのだが、その時、私は事情もあまりわからず、一緒について行った。

最初に訪問したのは比曽地区の中島洋子さんという人のお宅だった。洋子さんご夫妻はトラックに積まれた牛が出発するまで泣きながら声をかけ続けていた。

次に向かったのが第4章で紹介する比曽地区の中島信子さんの家だった。私は牛との別れに悲しむ母ちゃんたちの姿を見て、「この人たちを撮りたい。酪農家として一番つらい場面に立ち会った者として、私は映画を作らねば」と思った。

牛飼いの母ちゃんたちである長谷川花子さん、原田公子さん、中島信子さんを追いかけて、何度か避難前の様子や避難当日の話を聞き、そして避難先への引っ越しまで撮影した。私は本書を書く前に映画の撮影をしていた。長谷川花子さんは飯舘村に隣接する伊達市の伊達東仮設住宅に、中島信子さんは飯舘村から1時間離れた相馬市の大野台第6仮設住宅に、そして原田公子さんはそのまま牛飼いの仕事を続け、白河郡中島村に移住した。私は母ちゃんたちと一緒に過ごす中で、今までの生活が変わっていき、住み慣れた土地を離れなければならない悔しさ、悲しさをそばで感じながら、母ちゃんたちの思いを伝えたい、また今後どんな選択をするのか、せめて帰村まで見届けたいと思った。

２０１２年７月、車という足のない私は福島にアパートを借りて、そこからバスで長谷川花子さんのいる伊達東仮設住宅に通った。1時間に1～2本という福島のバスに慣れるのは大変だったが、それでもありがたい交通手段だった。２年ぐらい通った頃、私は友人から同じ仮設住宅に活動的でユニークな女性がいると聞いた。会ってみたい。そして出会ったのが、菅野榮子さん、菅野芳子さんだった。後に彼女たちを主人公にした映画『飯舘村の母ちゃんたち――土とともに』（２０１６年）を制作することになり、この本でも第１章、第２章に紹介している。
＊聞き書きの中で、意味が通らないところや不明な点もあるが、ご本人に確認できないケースもあるため、そのまま載せた。

飯舘村の地図

2012年7月時点での避難区域。
本書の第4章に登場する母ちゃんたちは、それぞれ、図中に示すところに元々住んでいた。

福島県の地図

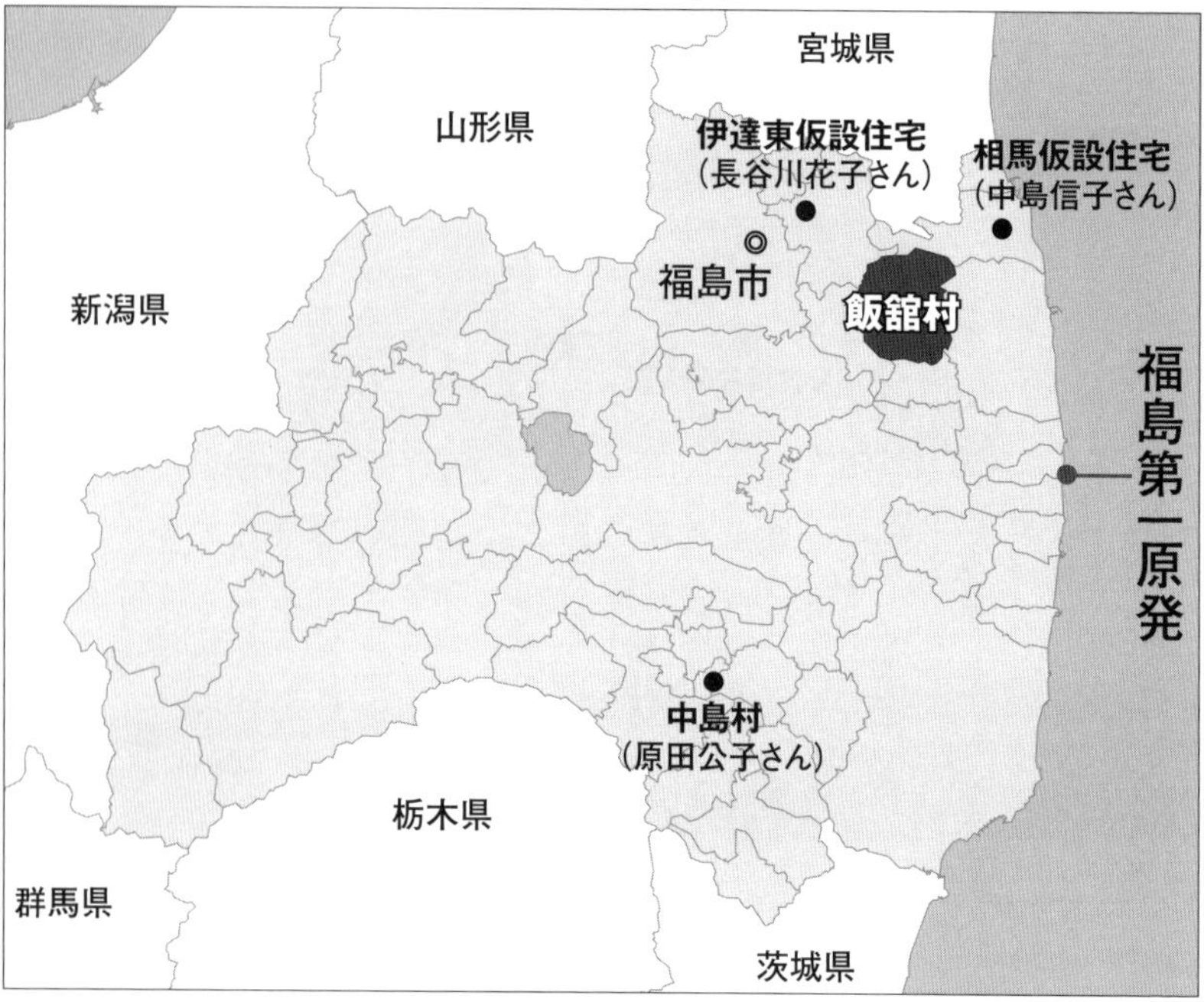

第4章の母ちゃんたちは、それぞれ地図中の場所に避難・移住した。
前のページで示したところからは、かなり離れている。

＊撮影者の注記がない写真は著者撮影。

第1章

飯舘村の母ちゃんたち

菅野榮子さんと菅野芳子さん。二人はいつも一緒だった。二人で一人前と言っていた

土とともに生きる——菅野榮子さんと菅野芳子さん

榮子さん、芳子さんとの出会い

飯舘村は昭和31年（1956年）、相馬郡大舘村と飯曽村が合併して誕生した。福島県の北東部、阿武隈山系北部の高原に開けた、豊かな自然に恵まれた美しい村である。

総面積は230平方キロメートル、その75％を山林が占める。高原地帯特有の冷涼な気候に加え、ヤマセが吹くことから、年平均気温が10度、年間降水量1300㎜前後で（全国平均は1718㎜）、冷害に悩まされてきた。村民は冷害に強い農作物を植え、畜産業に力を入れてきた。

原発事故が起こった2011年3月当時、飯舘村には約6200人の村民と約3000頭の牛が暮らしていたが、4月に飯舘村が計画的避難区域に指定され、全村避難になる。多くの農家が廃業や移転を余儀なくされた。

私は2012年12月、福島の青年会館で開かれた大学教授や研究者が主催する「エコロジー研究会」の懇談会で、友人の紹介により菅野榮子さんという人を知った。その時の菅野榮子さんは、まわりに話しかける人がたくさんいて、それが途切れることがなかった。私はちょっと遠慮して、挨拶をしただけで終わった。菅野榮子さんは、私がその前から通い詰めている仮設住宅に避難していた。1年以上もその存在に気付かなかったことを私は恥じた。活動的な女性がいるという彼女のうわさは、東京にいても、味噌を作るワークショップを通して聞いていた。

年が変わったある日、雪が少し残っている仮設住宅の畑で、榮子さんと隣の部屋に住む遠い親戚の菅野芳子さんが作業をしているところを見かけた。私は思わず、「写真撮っていいですか？」と話しかけていた。榮子さんたちは快くいいよと言ってくれた。その時は、映画の話はしなかった。改めて訪ねてお願いするつもりだったのだ。

後日、私は自分が書いた中東の記事や映画のチラシを持って榮子さんを訪ねた。榮子さんの横にはいつも芳子さんがいた。中東で取材を重ねていること、日本のことに向き合うのは東日本大震災が初めてだということを話し、榮子さんと芳子さんの会話が面白そうなので、榮子さんたちをぜひ映画で撮らせてくださいとお願いした。榮子さんと芳子さんで話をして納得していただいた。

映画ができた後の上映会の後には、榮子さんにトークをよくお願いした。榮子さんは、「あの時（頼まれた時）はドキュメンタリー映画というものがどんなものかわからなかった。わかっていたら引き受けなかったのに」と。そして「ちょっとだけ出るかと思ったら、ずっと自分たちが出て、びっくりした。芳ちゃんも私も女優みたいだね。それならもっとおしゃれをしていればよかった」などと言って、聴いている人々を笑わせた。

菅野榮子さんは昭和11年（1936年）生まれ、当時74歳で、佐須地区の出身だった。榮子さんは1960年からの46年間を酪農に費やし、70歳からは夫・榮夫《ひでお》さんとともに有機農業を手掛けてきた。農作業の傍ら、20年にわたって義理の両親の介護をする一方で、地元の女性とともに味噌《みそ》や漬物などの農産物の加工グループを立ち上げ、伝統的な飯舘村の食文化である「さすのみそ」「凍《し》み餅」「凍《し》み豆腐」などを作り、村に貢献してきた。夫を原発事故の前年2010年7月に、義理の母親を原発事故の2カ月前に亡くし、そのあと息子が農業を継ぎ、これからは息子とともに自分のために生きようという矢先、原発事故が起こった。

榮子さんの友人であり、ご近所さんの菅野芳子《かんのよしこ》さんは、昭和12年（1937年）生まれの当時73歳で、原発事故直後、千葉県と埼玉県に住む息子たちが迎えに来て、寝たきりの母親と治療中の父親と3人で埼玉県に避難した。しかし8カ月の避難生活のなかで、父親と母親の両方を亡くした。

芳子さんは飯舘村の榮子さんの実家の隣（歩いて5分程度）に住んでいる。榮子さんが佐須の菅野家に嫁いでからの付き合いだ。ふたりは夫同士が親戚でもあり、佐須地区にある山津見《やまつみ》神社のお祭りや「さすのみそ」づくりや凍み餅づくりなどの母ちゃんたちの加工グループで一緒にやってきた友人であり、仲間である。

原発事故でバラバラに

2011年3月11日、飯舘村の佐須地区も地震に揺れた。芳子さんは榮子さんの家で出荷する凍み餅の相談に行き、家を出て二人で芳子さんの家のほうに歩いていた時のことだ。大きな揺れを感じ、二人は地面に座り込み揺れが少し収まって、芳子さんの家に駆け付けると、芳子さんの両親は部屋にあるこたつのところで抱き合って座っていたという。

3月15日、ニュースは東京電力福島第一原発が水素爆発したと告げていた。榮子さんは幼い頃の原爆のニュースの記憶や組合活動をしていた夫を通じて、チェルノブイリのニュースを知っていたのだ。慌てて芳子さんの家に行き、榮子さんが急を告げると、芳子さんは「ほうか」と言ったきり、あまり反応がない。榮子さんはできる限りの説明をし、危険な状態であると伝えた。

2〜3日して、芳子さんの息子たちが母親を避難させるためにやってきた。最初は事情が呑み込めなかった芳子さんも避難しなければならないと自覚し、両親に避難するよう促した。父親は酸素吸入が必要な人だ。でもオートバイが大好きでどこに行くにも乗っていく。オートバイに乗れば、酸素を吸えるから、酸素吸入は入らないという愉快な人だったそうだ。しかし父親は「自分だけでも残る」と飯舘村から出ることに抵抗した。皆で説得し、やっと重い腰を上げた。

同年4月、芳子さんは家に残した凍み餅を処分するために、飯舘村に帰ってきた。すると父親もついて帰ってきた。芳子さんが用事を済ませて帰ろうとすると、父親は「飯舘村から出たくない。自分だけでも残る。味噌と米があれば生きていけるから」と言って芳子さんを困らせた。その父親は病気を悪化させて、6月に亡くなった。その後、母親も父親の後を追うように10月に亡くなった。

芳子さんはその時の思いを語った。

「あの時の思いは、本当にもう忘れることできないです。おれのじっちゃん、6月になって風邪ひいたと思ったら、3日ぐらい入院して亡くなった。10月にばあちゃんが亡くなった。飯舘村にいた

ら、二人とももう少し長生きできたのに」（この地域では女性でも「おれ」という人もいる）
芳子さんは、今でもその頃の話になると涙ぐむ。
一方、姑さんに2011年1月に先立たれた榮子さんは、息子と二人暮らしだった。原発事故後、息子は埼玉県に避難した。榮子さんも一時は一緒に避難していたが、避難先になっている福島の温泉にいるほうが情報がわかるからといって県内の横向温泉に行った。そして8月始め、伊達市にある伊達東仮設住宅ができると一人で入った。農業や介護に追われるように忙しかった日々から急に何もすることがなくなった喪失感。子どもたちや孫といつも顔を合わせることができたが、仮設住宅に入ってからは一人になった孤独感で次第に榮子さんの心は閉ざされていった。いつも明るい榮子さんからは想像できないが、榮子さんは一歩も外に出ず、一人、部屋にこもって枕を抱いて寝ていたという。
3カ月後、榮子さんのそばに芳子さんが帰ってきた。両親に先立たれた芳子さんは、榮子さんを頼りに福島に戻ってきたのだ。榮子さんは後日、このときのことを棚から牡丹餅と表現した。まるで幸せが舞い込んだようだった。暗くなっていた榮子さんにいっぺんに明るさが戻ってきた。芳子さんが帰ってきて再び一緒になった二人は、この困難な時期を乗り越えていこうとしていた。

仮設住宅の野菜畑

榮子さんたちが避難している伊達東仮設住宅は福島県中通り北部に位置し、飯舘村から車で1時

二人は土に触れる生活をすることによって元気をとり戻していった

間ほどの距離のところにある伊達市にある。仮設農園友の会の菅野哲さん、佐藤忠義さんなどの村の世話人たちの尽力で、仮設住宅に住む人たちが元気に畑仕事ができるよう地元の人たちと交渉して畑が用意されていた。飯舘村とは気候に違いはあるが、希望者があればそこで畑仕事をすることができた。元気を取り戻した榮子さんと芳子さんは、その畑で作業をすることにした。二人とも昔取った杵柄で、あっという間に畑は豊かな野菜畑になっていった。

梅雨の雨がまだ残っている7月のある日、私が訪ねると、榮子さんと芳子さんがトロロイモを植え始めるところだった。トロロイモを榮子さんたちは土に並べていく。榮子さんはきっちりとした性格で何でもきちんとしないと気がすまない。一方のんびりしておおらかな性格の芳子さんは、いいあんばいと言いながら適当に距離をとって植えていく。ふたりがトロロイモを植えながら話す姿はまるで掛け合い漫才だ。

芳「測ってんのか?」
榮「んだべした」
芳「おれは測んねえ。いいあんばい」
榮「百姓は芸術家なんだよ、よっちゃん」
芳「いいあんばい」
榮「いいあんばいってわかっか」

芳「いいあんばいだ。いいあんばいだ」
（2人でハハハと笑う）
芳「ほらいいあんばいだ」
榮「いいあんばいでなく、きちっと正確に。ぺェーッと芽が出るように蒔いてください」
芳「芽は出っぺ」
榮「いいあんばいだって、百姓してとって食べてきたんだからさすけねぇ（大丈夫だ）」
芳「はからん」
榮「よっちゃん蒔いたところはうんと太くなっから」
芳「どんなもんだか」

後日とれたトロロイモの中にひとつだけとてつもなくでかいトロロイモがとれた。榮子さんは芳子さんが植えたものだと言う。

「昔、飯舘にいたときの仕事に帰ることによって、土に触ることによって少しでも放射能の不安と恐怖と、放射能っていうものから抜け出して、一時的にも村に帰った時の気分を味わいながら、村にいたときの、村で生活していた時の、気分に浸りながら生きるっていうことが最高なんだよね。だからそういう、土に感謝してます。土と自分で築いてきた農業の技術、種を蒔けば芽が出て、食べるものがなってくれて、採って、食べておいしいなあ、ってそういうあれに感謝しながら、土と

身体の弱い芳子さんはトロロイモが大好きで毎日食べるという

太陽と自分の技術に感謝して、農業やってきてよかったなあって」

榮子さんと芳子さんは、土地にかかわることで、元気を取り戻していった。

飯舘村の家

２０１３年３月、私は榮子さんの運転する軽トラに乗せてもらい、飯舘村の榮子さんの家まで連れて行ってもらった。榮子さんは運転しながら、山並みを眺めていとおしそうにつぶやいた。

「これだけの土地の中で、みんな頑張って生きてきたんだよね。今はもう、どこもどこも荒れ放題で、でもここが一番、心が安らぐところだったんだ。……この山並みを、ねぇ、仰いで一生終わりたいなぁと思ってました。みんなススキ野になったり、もう何も、野菜のかけらもありゃせんがな。あの山はみんな牧草だったんだよ……コブシの花がいっぱい咲くときは『今年は豊作だよ』って、昔からそう言っていたのね。でも今年はつぼみもないわ」

榮子さんの「山並みを仰いで、一生終わりたい」という一言を聞いて、私はこの人を撮りたいと強く思った。パレスチナの人たちと同じように、故郷を愛する気持ちが伝わってきた。

榮子さんは飯舘村の実家に着いたとき、到着したばかりなのに私を家の中に入れず、「じゃ、(仮設住宅に)帰ろうか」と言った。私はびっくりした。家を私に見せるためにつれてきてくれたのではなかったのか? 私は「もう帰るの?」と呆気にとられていたら、「中を見たい?」と言うので、「見たい」と入れてもらうことにした。不思議に思っていたが、あとから榮子さんの話を聞いて、そういう思いがあったのか、私はそこまで考えてあげることができていなかったと自分の考えの足りなさを恥じた。でもやっぱり私は、榮子さんが生きてきた場所を見てみたかったのだ。

「人が住んでいれば、その家は生きるよ。人がいなければどんな立派な家でも家は死んでしまう。飯舘村も荒れ放題だし、人が住んでいなかったら、庭もそうだし、荒れ放題。悲しいもの。帰りたくないもの。仮設では友達と話して、夜は暖かくして湯たんぽ2つ抱いて寝ればいい。でもそんな生活寂しいよな」

「避難して家を離れて、ここ（仮設住宅）で笑っているけど、家に帰れば、家は先祖の人たちが写真を並べて待っている。掃除もしないで埃だらけになっているところに帰っていく。避難している人の気持ちは経験しない人にはわからない。そういうものをどういうふうに伝えればわかってもらえるのかな」

榮子さんの言葉を聞いて、私ははっとした。自分の家には帰りたいにちがいないとばかり思っていた。家についたとき、榮子さんがなぜ複雑な表情をするのか、なぜすぐ家の中に私を入れてくれなかったのか、私にはわかっていなかった。今まで住んでいた人たちがいなくなって、一人でこの家に帰るのはどんな気持ちがするのか、一人で泊まるときの気持ちはどんなものだったのか、私は自分の想像力のなさに愕然とした。芳子さんも家に帰って泊まるとき、同じ気持ちになっていたことだろう。

榮子さんの家の中には、大きな掘りこたつが片付けられた形で置いてあった。

「掘りごたつも誰もいないから、ふとんも何も畳んでるの」といいながら、仏前まで案内してくれた。先祖の写真は天井近くの壁に並べられ、仏前には義母の絵と夫の写真が飾られていた。榮子さんは義母と夫に向かって、

「子どもか、孫か、ひ孫か、玄孫《やしゃご》か、いずれ誰かが帰ってくるよ。すぐに帰れるのにこしたことはないけど、人それぞれ子どもにも孫にも自分で選択して生きる権利があるから、遺言状は書けない。ねえ、お父さん、私はお父さんの所に行くだけだから。ハハハ」

と笑った。

部屋を出て外に出ると草木が芽を出し、春の様相をみせていた。榮子さんは庭に咲いていたクリスマスローズに向かって話し始めた。

「芳ちゃんから苗をもらって植えたクリスマスローズだったんだ。2本植えたのだけど、ああ、ここにいた。お父さんが草刈りしてわかんないで刈っちゃったんだよね。何だろうと思って。おまえも育ってくださいね。人が住まなくてもしょうがいない。住めなくてもしょうがない。家に帰って来るとお詫びすることばっかりだ。ごめんね、ごめんねって。誰が悪いのかしら。ごめんね。見てあげられないでごめんね。お母さん帰って来たから喜んだでしょ。よかったね、綺麗に咲けて。草なんか一本もはやさないで、きれいにしていたのに」

「誰も採って食べれないのに、頑張っていっぱい芽をつけている。ハハハ、たらの芽。いっぱい芽がついている。頑張って芽をつけて、自然はありがたいね。そう思うよ。空もきれいだ。空気もき

れいだ。たらの芽もちゃんと育っている。椿の花もつぼみをつけているのに、家の主は帰って来れない。帰って来れない。ごめんね。あなたたちも命のある限り頑張って。手入れもしてもらえないで、自然の中で、たくましく頑張るよりほかないわ」

燃えた山津見神社

飯舘村の佐須地区には山津見神社がある。榮子さんたちをはじめ、佐須地区の全戸の住民は山津見神社の氏子だ。氏子とは同じ氏神を信仰し、氏神を祀っている神社のお祭りの手伝いや寄付をしたりする人たちのことだ。氏子である榮子さんたちは酪農や農業をするかたわら、お祭りのときには山津見神社で茶屋を出して、30年ぐらいやってきた。

「旧暦の10月の3日間で3万人ぐらい人が来る。おふかし（おこあ）作って、トン汁あればおかず増えるし、お漬物は白菜、大根あっから。たくさんの人が来るんだから。いっぱいおふかしにした。こんなに誰食うのって言って。8升の米、3升のおふかしで45個ぐらい作った。小豆の入っているおふかしはお祝い事。そういうのは百姓やってるものの目標なんだよね。震災前にぼかし（肥料）を750キロぐらい作って。腕によりかけて待ってたの。今年はいっぱい作るぞって。山仕事に従事する人たちを守る神様だから。全国から来ていた。あの頃は若かった。でも面白かった」

榮子さんたちは山津見神社の写真を見上げながら説明してくれた。山津見神社は福島県相馬郡の山中、虎捕山《とらとりやま》に鎮座する神社で、毎年、旧暦の10月15日から3日間、例大祭が催される。最後の日、

原発事故前、山津見神社の祭りの際、境内で行われていたのが佐須の虎捕太鼓だ。
飯舘村指定無形民俗文化財に指定されている

17日は「山御講《やまおこわ》」と呼ばれ、全国各地から信仰者が集まる。その人たちの楽しみが茶屋だった。茶屋は木を組んで、カヤで四方を覆った。榮子さんたちはそこで、おふかしや豚汁などを作り、皆に売っていた。

2013年4月1日未明、榮子さんたちが心のよりどころにしているその山津見神社が火事になり、全焼した。榮子さんや同じ行政区の人たちはその日、総会で、近くの飯舘温泉に行っていた。全村避難していて、人がいない村での火事は止めることが難しい。炎は拝殿に燃え広がり、あっという間に燃え尽きてしまった。山津見神社の拝殿前にあった白狼の石像だけが残された。拝殿の天井にはオオカミの天井絵があったが焼失した。

「佐須の氏子の人たちなんて、みんな声が出ないよ。出ない。その次の日、男の人たちもいたよ。みな、だまーって。声が出ないよ。私らはそれこそ、震えて、ガタガタガタガタ震えて、跡形もないその姿を見てな、立ちすくむどころでねぇ。立っていらんねぇだな」

「やっぱり山津見神社とともに生活してきた。うれしいことも悲しいことも辛いことも。みんな山津見神社に行って打ち明けて守ってもらってきた神社なのな。だからうちに避難するようになっても、ここさ帰ってくれば、かならず山津見神社に回って、手をあわせてきた」

「私らが生きていくための人生の神話は、今までは山津見神社があったから、神様にお願いして安全を祈願して、子孫繁栄を祈願してきたよ。……山津見神社が燃えた。原発の安全神話も崩れた。そしたら私らがこれから生きていく安全神話は、どこに頼ればいいいの」

その後、地元の人たちが再建のために働き、２０１５年、山津見神社の拝殿は幸いにも和歌山大学の協力で再建され、２０１６年、オオカミの天井絵も東京芸術大学の協力で復元された。

国と村による説明会への憤り

２０１３年５月、伊達東仮設住宅の公民館で村の説明会が開かれた。国からは環境省福島県環境再生事務所から木村卓所長、そして村議、菅野典雄飯舘村村長が参加。基準となる放射線量について、村長から説明があった。

「年間線量の１ミリシーベルト（ｍＳｖ／年）は１日当たりの線量としては０・23マイクロシーベルト（μＳｖ／ｈ）なんです。飯舘村は０・23になるということは、私はたぶん20年ぐらいかかると思っています。20年間、今の生活を村民の皆様方にさせるわけにはやっぱりいかないなという気がします。皆さんの中にはそれでないと帰れないという方がいるのも事実です。それはそれで正しいです。しかしもうごめんだ、できるだけ早く帰りたい、村外では死にたくないという方だっているということです。ですからそこを村は両方の方たちのことをしっかりと考えて、議会とも相談致しまして、５ミリシーベルトを目標に国に除染していただきたいという話をここでやりたいということであります」

汚染状況重点地域の除染の目標として国が示している０・23マイクロシーベルトは、年間追加被ばく線量１ミリシーベルトを１時間当たりに換算した毎時０・１９マイクロシーベルトに、自然放射線の毎時0・04マイクロシーベルト（μSv／h）を併せた数値（0・19＋0・04＝0・23）。空間線量率は通常地上約1メートルの高さで測定する。また、8時間屋外＋16時間屋内で過ごすことを想定し、かつ、屋内は屋外の0・4倍であるとしている。当時、村が計測した佐須地区の放射線測定値は、地上約1メートルの高さで測定して毎時3マイクロシーベルトだった。

続けて木村所長が説明した。

「1ミリでないと安全でないということではなくてですね、20を切ったらもう安全に暮らし始められるというふうなリスクの大きさ、ほかの健康リスクと比べても十分小さいですよと申し上げています。国際的には言われているのは100ミリシーベルト以上は健康リスクがわかる程度のものであって、それ以下は非常に少ないですよと」

1ミリシーベルトが目標だが、それでは20年もかかる。今は5ミリシーベルトがとりあえずの目標、そんなにリスクはないとする国と村の説明に、榮子さんと芳子さんは厳しい顔をして押し黙って聞いていた。

「1ミリから100ミリシーベルトの間でそこで右往左往しても命に支障はありませんぐらいのことを、あの、こういう対面の中でだぞ、こういう対面の中で、環境省の職員が避難者に説明するっつうのは、私はまったく何ていうか、侮辱しているつうか、ほんと嫌だった。私らのことを人間として見ているのか、見ていないのかなと思ったよ。私らはじゃほら東京さでも、鹿児島でも転居させていただいて、あんたたちが飯舘に来て5年でも3年でも家族全員で来てくださいって言いたかったよ」

「やっぱり村長はこっちの立場でものを言うべきでねえかなって、私は思った。私は村長と身内だし、村長が選挙に出っときは死に物狂いで選挙運動もしたよ。ほういうなかで、村長に村の将来をかけてがんばってもらうべって思ったからがんばれたんだし。私はそう思ってるよ」

榮子さんの怒りはおさまらず、話はさらに続いていく。

「仮設の生活（者）も80、90の声を聞くようになって、限界だから早く家に帰りたいですってな、なかなか人の住める範囲内に線量が下がらないとしたら5ミリシーベルトでも我慢して、私らは、そういう老人の福祉関係が村で充実した体制さえとってもらえば、村で死んでいきたいから帰りますって、避難民が言うんなら別だよ。私はあれにはかちんと来た。はっきり言って同じことを自分で言うのと、向こうから言われるのでは違うからな。自分で選択するんじゃなくて、自分で最終的には私はこの放射能の問題で、帰るか帰らないかは、もう一人一人の選択だと思っている」

芳子さんの病気

2014年2月、仮設の隣の部屋から芳子さんがひょっこり顔をのぞかせ、榮子さんに話した。

「夜一晩、ひどいんだ。眠られないんだ。朝方になってちと寝てたんだ。7時すぎ、榮子さんが行くのを知ってたんだけど、起きられなかった」

榮子さんが外に出掛けている間、芳子さんは病院に行って診てもらったらしい。榮子さんは心配して芳子さんの容態を聞く。

「ご飯食える？」

「うん。やっこい（柔らかい）ものを食ってろって言われた」

「心配したよ。てっきりがんだと思ってたの」

「がんではないけどな、ここさどろどろしたものを塗ってかけたら膵臓も肝臓も大丈夫だって。ただ胃の中に残っているって」

「消化不良を起こしている？」

とふたりでふざけあっていた。

4月、私は福島で牛飼いの仕事を続けている原田公子さんの取材をしていたら、珍しく榮子さんから深刻な声で電話がかかって来た。

「よっちゃんががんになったよ。胃がんだって。困ったことになった」

榮子さんの声は深く沈んでいた。すぐ行きたかったが、私は所用で東京に帰らねばならなかった。数日後、榮子さんに電話した。胃がんの摘出手術は無事に終わったらしい。「いつお見舞いにいくの？」と聞いたら、「まだすぐには大変だろうから行かねえ」ということだった。数日後また電話をしても同じだった。しびれを切らし、私は芳子さんのことを知るために福島に向かった。榮子さんと電話で芳子さんの病院に行く約束をし、榮子さんと病院で待ち合わせた。榮子さんは手術が終わって10日にもなるのに、芳子さんのお見舞いに行っていなかったのだ。あとでわかったが、榮子

「おまえが来ねくて……」と言うよっちゃんに「来る元気なかったんだ」と言う榮子さん

さんは芳子さんの弱った姿を見るのが怖くて行けなかったのだ。

「今日行こうかな？　明日行こうかな？って思うけど、お見舞いに行きたくねえわけではないんだけど、怖いの。怖いのね」

と榮子さんは語った。それは榮子さんが初めて見せた弱さだった。

芳子さんは2階に入院していた。榮子さんや次女の家族と一緒に部屋を探そうとすると、芳子さんがひょっこり寝間着姿で配膳のトレイを抱えて出てきた。

芳子さんは「ほう」と言い、「おまえが来ねくて……」と言いながらなかなか見舞いに来なかった榮子さんを駄々っ子のように軽くたたいた。榮子さんは「来る元気なかったんだ」といいわけし、ふたりとも泣き笑いしながら抱き合った。

榮「一人ほど寂しいものはない」

芳「んだ」

榮「よっちゃんがいないと、体半分どっかに行ったみたいでそんな思いでいました」

芳「毎晩、榮子さんが出てくんだよ。夢の中さ。ゆんべも」

榮「放射能には勝てないけど、病気には勝たなんない。よっちゃん。ここまで来たんだから、悪さするものがいねくなったんだから、後は自分の力だよ。一生懸命がんばっていきましょう」

芳「そういう気持ちになりました。榮子さんの顔を見て。榮子さん、ちょっとぐらい顔見せたっていいべ。そう思って寝てた」

芳子さんは3週間ぐらい入院したが、しばらくは身体の様子を見るために仮設住宅ではなく、息子の家で療養することになった。

除染

榮子さんたちの地区では、2014年夏から本格的な除染が始まろうとしていた。それに先立って作業する人たちが一軒一軒訪ねて歩いて、家の周りや田畑のことを調査するために回っていた。榮子さんの家にも3人の作業員が訪ねてきた。榮子さんは家の周りを案内しながら、日ごろから考えていた疑問をぶつけた。

「除染をしたら、どのくらい線量が下がりますか?」

作業の責任者とみられる男性は、

「飯舘村はもともと高いから、半分ぐらいになるとは言えますが、いくらまで下げられるかということは言えません」

除染がまだ続いている11月の半ば、榮子さんの家に行くと、家の後ろには放射性廃棄物を入れた黒い袋(フレコンバック)が山積みにされていた。

榮子さんは除染のために農地に入れられた代わりの覆土がほとんど砂で、雨が降ったら家の中に流れて入ってくると憤慨していた。農地の除染は表面から5センチの土壌をはぎ取り、そこに覆土として、村役場の近くの山を切り崩した土壌を持ってきていた。最初は粘土質だが、中に行くにしたがって砂や石ころが混じった土になる。それを除染の後に覆土として入れられるのだ。榮子さんは農地からはぎ取られた元々あった5センチの土壌がいかに大切なものかを、かつて語ってくれたことがある。

「耕して、肥やしを入れて、やっとできた肥沃の土壌、それが5センチの土壌だ。百姓の血と涙と汗でできたそれをはぎ取られるのは、農地の魂を取られることと同じさ。それを新しく作るには何年も何十年もかかるんだ」

そして黒い袋の中には、土壌だけでなく、榮子さんの長年の思い出の詰まったものが入っていた。

「ごみをまとめたり、ごみ捨てたりするのが、ずいぶんこたえた。体にこたえた。嫁に来てからの50年の思い出を全部捨てるわけだから、ねぇ。子どもを育てたときの、子どもと一緒に寝たときの、あのふとんとか何もかも丸めて、全部それを捨てるわけだから。しまっておいたって、どうにもならないけど、あの、もう使いようないからって捨てるのと、この放射能で捨てるのとでは、また違った感じだねぇ。ひとつひとつに思い出が残っていて……。私はもう帰れないと思ってた。だからねぇ……。

だけどもう、なんていうの、みんな、ごみ出して、掃除していたら、もう、何も出るものがないのに吐き気した。ゲエゲエって。涙いっぱい流して、ああ、これじゃって、ご飯も何も食わないで帰ってきた。子どもたちもね、『お母さん、あっち（飯舘）に行ってはだめだよ、うち（仮設）に帰りな、飯舘に行くな』って、なんていうの、除染したらそういうふうになって来たね。家（飯舘）も変わった。周りも変わったし、庭の木もみんな手入れしたかった……、家に帰っても、なんていうか、寂しさだけが残るのよ」

除染の進む庭で、榮子さんは松の木を眺めながら話した。

「この木だって何十万もかけて買った木。祖父ちゃん、その前の祖父ちゃんから育てた木。そういうふうに何代も育てて大事に大事に、毎日眺めてきた木だよ。除染の作業員には何の思いも心も入っていない木だもの。ただの木にすぎないわよ。こうやって放射能は切っていくんだよ。ぶっ壊していくんだよ。ありがたい時代だ。ありがたい時代です」

皮肉を込めた言葉を残し、やりきれない思いで家に向かって歩いて行く榮子さんは、足を片方引きずっている。長年、酪農業をやってきて牛に踏まれた足の傷が痛むのだ。

ＡＤＲ（裁判外紛争解決手続き）記者会見の場で

飯舘村の村民が感情を露わにしたのは、原発事故が発生してまもない２０１１年４月30日、東京電力（以下、東電）の副社長が来たときの集会だった。その後は、国や村からの説明会に参加してもあまり国や村に物申すことはなかった。ＡＤＲの団長を務めた前田区長の長谷川健一さんは「どうして飯舘村の人たちはおとなしく、自分の意見を言わないのだろう」とぼやいていた。そしてＡＤＲが始まった当初も人が集まるのだろうかと心配していた。しかし２０１４年の夏ごろには村の人口の半数に近い人たちがADRに参加していた。

11月14日、飯舘村の村民らは東電を相手に慰謝料などの支払いを求め、裁判外紛争解決手続き（ADR）を申し立てた。参加したのは2837人。

榮子さんたちは飯舘村の「原発被害糾弾　飯舘村民救済申立団」として、東京の日比谷にある裁判外紛争解決手続きセンターにバスで向かった。申立書の提出後、団長の長谷川健一さんたち飯舘村民救済申立団は、東京、参議院会館で記者会見を行った。榮子さんも会場から発言した。

「飯舘で生まれ飯舘で育ち、飯舘の村づくりに参加してきた一人の者として、ほんとうにいろいろと考えさせられています。最初は『2年』ということで、『ああ、2年なんて、すぐ過ぎる、我慢しなきゃ』と。でもそのあと、2年では帰れませんでした。1年延びました。『まぁ、1年なら我慢しましょう』と。3年が過ぎました。月日が長くなるたびに、本当にくたびれてしまいました。孫の柔らかい手を握りながら生きる年になったのに、孫と離ればなれになって、孫の写真を仮設の壁にいっぱいに貼って、生活しております。

もとはと言えば、原発さえなかったら、私も孫の手を引いて、『婆ちゃん危ないよ、こっちに来な』『こっちにおいで。おまえ、危ないよ』。そういう会話をしながら、あの飯舘の自然の中で、生きてこれたと思っています。孫から元気をもらうどころか、自分の心に鞭打って、一日一日を過ごしております。いまだ難民だと思っております。ほんとうにいちばんの原因は、この原発が動いていたことだと思っています。そして子どもがいて、孫がいる、孫がいればひ孫も出来ます。人間は、親

◀ADRの申し立てに参加した菅野榮子さん

が子どもを産み、その子がまた子どもを産む循環型の原点を歩むのが、本当の人生の姿ではないでしょうか？」

村民はADRで何かが変わるのではないかという期待を持っていた。村民の約半数が申し立てに参加し、被ばくへの不安に対する慰謝料1人300万円などを求めていた。しかし東電は「初期被ばくによる精神的損害は法律上発生していない」として支払いを拒否し、2018年12月、原子力損害賠償紛争解決センターは村民との和解仲介を打ち切った。

その後、2023年3月、12年目にしてやっと初期被ばくと故郷喪失の精神的損害を認め、1人280万円の手続きを始めた。

先祖が泣く

2015年3月、榮子さんが出かけている頃、芳子さんは妹さんと飯舘村に一時帰宅していた。

「これ可愛いの出てる。しかし強いな。これ見ろ。咲いてるぞ」

「こいつクリスマスローズっていう花だ。20年も続いている花なんだよ。これ」

飯舘村の自宅の前には除染した後だったが、スイセンの花一輪が咲き、クリスマスローズの花がかたまって咲いていた。

2人は芳子さんの土地があるところまで出かけて行った。芳子さんは「あれはうちの山なんだよ」と山のほうを指差し、終戦後、父母が開墾して手に入れたところだと話してくれた。

田畑は、長い避難生活のために、田を耕すことも、苗を植えることもできず、枯れて草がぼうぼうに生えていた。それを横に見ながら歩いていた芳子さんは、いきなりつぶやき始めた。

「やれやれ。田んぼも畑も除染すんだって。これからな。はー、いやいやいや。なんとしたもんだ。こりゃ。なんとしたもんだ。こりゃ。4年(2015年)もかまわないとこうなんだよ。まる4年だ。先祖も泣くわ。先祖も泣く。先祖泣く。先祖も泣いてっぺ」

仮設に帰って芳子さんは、悩んだ様子で話し始めた。

「これからどうなんべと考えるときあるよ。どうしたらいいべえか? いろいろ考えんだよ。こういうふうに考えて、うつ病か何かになるんだなと思う。ここにいるうちは死にたくない。ここを出てから死にたいかなと思ったり考えてる。ここであの人、死んだっけって言われるのは嫌だから。いろんな思いで悩んでます。榮子さんは一人でも埼玉さいったら畑かりてやるわって言っていたよ。いやでもこれはしょうがないあれではないか。一緒にするわけにはいかないんだ。なんせ榮子さんいるからいいんだ。仮設にいる間は」

帰ってきたいな、よっちゃん

2015年11月、榮子さんと芳子さんは飯舘村の自分たちの家の周りを歩きながら話していた。田の片隅には除染のときに出た放射能汚染土のフレコンバックが並んでいた。榮子さんはフレコンバックに向かって「お前らも可愛そうだね」と一言言った。

手術後、畑仕事をするまでに元気になった芳子さん

「帰ってきたいな、よっちゃん」「帰ってきたいよ」と呼びかけ合うように話していた二人

榮子さんと芳子さんのふたりは山のほうに向かってキノコ採りの話を始めた。普通はキノコがどこにあるかは秘密にする。今はその秘密も役に立たない。

榮「この辺からあがって行った」

芳「おれはあっちのほうからあがってたんだ」

榮「おれはここから」

芳「むこうからな、ひょんとのっ越えて」

榮「ずっと行って向こうの……」

芳「大体歩くのは同じなんだな」

榮「でもこの山を見て、この空気のところさ。帰ってきたいな、よっちゃん」

芳「そうだな。帰ってきたいよ」

悩みに悩んだ7年間、帰りたいが、線量が高い。帰っても田畑を耕すことが出来ない。どれだけの人たちが帰ってくるかわからない。でもお墓は飯舘村にある。先祖も飯舘村にいる。榮子さん、芳子さんの帰村の結論は出ていないが、二人は同じ方向を向いていた。

第2章

〈聞き書き〉までいな生活・文化

長野県東部、北八ヶ岳のふもとに位置する小海町で引き継がれた、飯舘村の凍み餅づくり

さすのみそ――「その家その家の熟成される菌がみんな別なんだって」（菅野榮子さん）

佐須の水でふかしてつくるこだわりの味噌

味噌をこねるときに誰かが景気をつけるために歌い出す。

「ヤーレンソーラン、ソーラン、ソーラン、ソーラン……」

２０１３年３月、飯舘村の人たちが避難している仮設住宅の集会所で、にぎやかに味噌づくりが始まっていた。

飯舘村の佐須地区では、昔から母ちゃんたちが、畑を耕しながら、味噌づくりをやっていた。味噌はそれぞれの家庭でつくり、一軒一軒味が違うという。「さすのみそ」は当初、自分たちが食べるだけだったが、やがて直売所で売るまでになったという。

「杉の木の芯の黒いところだけで、味噌桶をつくってきた。嫁に来てから50年たった。嫁に入っていた時から味噌桶を守ってきた。これまでずっと使われてきた。そこにはうちの味噌の味が伝わっている。桶は洗うもんでないんだって昔の人に教えられていたの。味噌桶の中に3分の2から下の木目に白い線が入ってるんの。なんぼ金たわしで洗ったって取れない。それが熟成菌。その家その家の熟成される菌がみんな別なんだって。

2013年3月、飯舘村「味噌の里親」プロジェクトの呼びかけで東京からきた皆さんと伊達東応急仮設住宅で避難している母ちゃんたちとで味噌作り

味噌をつくってきたということだけで、佐須の味噌を佐須の土地でつくって、ということで始まったのが佐須の味噌だったんだけど、佐須でもみんなおのおの自分の味噌つくっているわけだ」

「皆自給自足の村だから、それぞれ味噌を各家庭でつくるのが当たり前の生活よ。味噌をつくる時期には味噌をつくって、米を収穫する時期には各々自分の食をちゃんと確保するっていうのが、当たり前の生活だったのよ。山村の暮らしというものはそういうものだからね。自給自足だからね。それで足りないものは山の恵みを受けるとか、山の恵みなり、自然の恵みと共存しながら生きてきた。そういう生活をしてきた人たちだから、ねえ。」

1984年、飯舘村佐須地区の菅野榮子さんは、酪農を辞めた後、有機農業をやりながら、仲間と佐須加工グループをつくり、「さすのみそ」を始めた。「さすのみそ」は地元の大豆を佐須の水で、長い時間かけてゆっくりゆでる。5、6時間ゆでた大豆をつぶす。そこに塩と米麹をまぜる。そして塊をつくり、味噌玉をつくる。樽の中に味噌玉を叩きつけることで空気を抜きながら樽に詰める。昔ながらの土蔵で、クルミの木樽の中で2年間、自然熟成させる。

「村の活性化につなげようと手を挙げて集まった。何やるかということになったけど、その頃、飯舘牛が出てきた。減反が強いられて、大豆を買い上げてやりますかということだったけど、味噌は腐らないいし、ロスがないから、味噌に取り組んだの。若かった。50代だったかな」

「石油だのガスだの使わないんだから。だから静かに静かに火を焚いて豆を煮るからいい味噌が出来るんだ。鉄釜で煮るから鉄分入るし、飯舘の自然が2年かけて麹菌と一緒にミックスしながら、

ゆでた大豆をつぶして米麹と塩を混ぜたところ（村民提供）

自然が熟成してくれる。そういう中で『東北の山村できらりと光る食の文化』という題でツアーを組んで、飯舘村にお客さん、入って来たんだから」「行政の恩恵も受けて来たし、地域の協力もあったから出来たよな。感謝しています。それを絶やさないように立ち上げてくれた人たちもいるしな。毎回3時起きしてやったんだから。大変だったよ。でも毎日ではないから。2年間は熟成させるからな。でも大変だった」

私が「さすのみそってあるの？」と聞いたら、榮子さんは「知らないの？　有名なんだから」と笑って答えた。そして仲間と味噌をやり始めた昔の写真を見せてくれた。榮子さんも芳子さんもお若い。

佐須加工グループがまとめた「さすのみそ」を引用しながら、「味噌の作り方」（菅野栄子まとめ）を以下に紹介する。

飯舘村で培われてきた大切な手づくりの食文化を、大事に守ってきた人たちがいます。近所のお母さんやおじいちゃんの作ったお米と大豆を使って、佐須のお水でふかして、こだわりをもって選んだお塩でととのえて、二年間味噌おけにねかしてできるお味噌です。

佐須加工グループは昭和40年代から、味噌づくりを始めました。土地（飯舘産）の大豆・米を使い、土地の水を使い、土地の薪を使う味噌作りをすることで守って来た食文化に触れることで飯舘村を感じてもらえたら幸いです。

①一晩米をうるかす（水に浸すの意＝潤かすか）。佐須加工グループが味噌を作っていることを知っている飯舘の人で一俵か二俵米を作ったので買ってくれという人がいるので買っている。飯舘さんの米を手に入れるのに苦労はない。人脈も継続の賜物と言える。

②うるかした米を蒸かす。一回で全部は蒸かせない。薪でやると一日二回転しか蒸せないので、昔はボイラーで蒸かした。最近は二回転に間に合うので薪で味噌作りをしている。

③麹をまわす。蒸かした米を冷まして温度を見ながら、麹をいれて手で混ぜて3～4日寝かせる。「花を出す」という。麹菌にちょうど良い温度を常に保つ。

④大豆を一昼夜うるかす。この大豆も米と同様飯舘の人で大豆を作っている人が買ってくれという。国産大豆と言わず、すべて飯舘産の大豆で出来るのが飯舘の地域力。

⑤再び釜の出番。うるかした大豆を釜で茹でる。薪はどこから？と聞くと「その辺の山だぁ」との事。

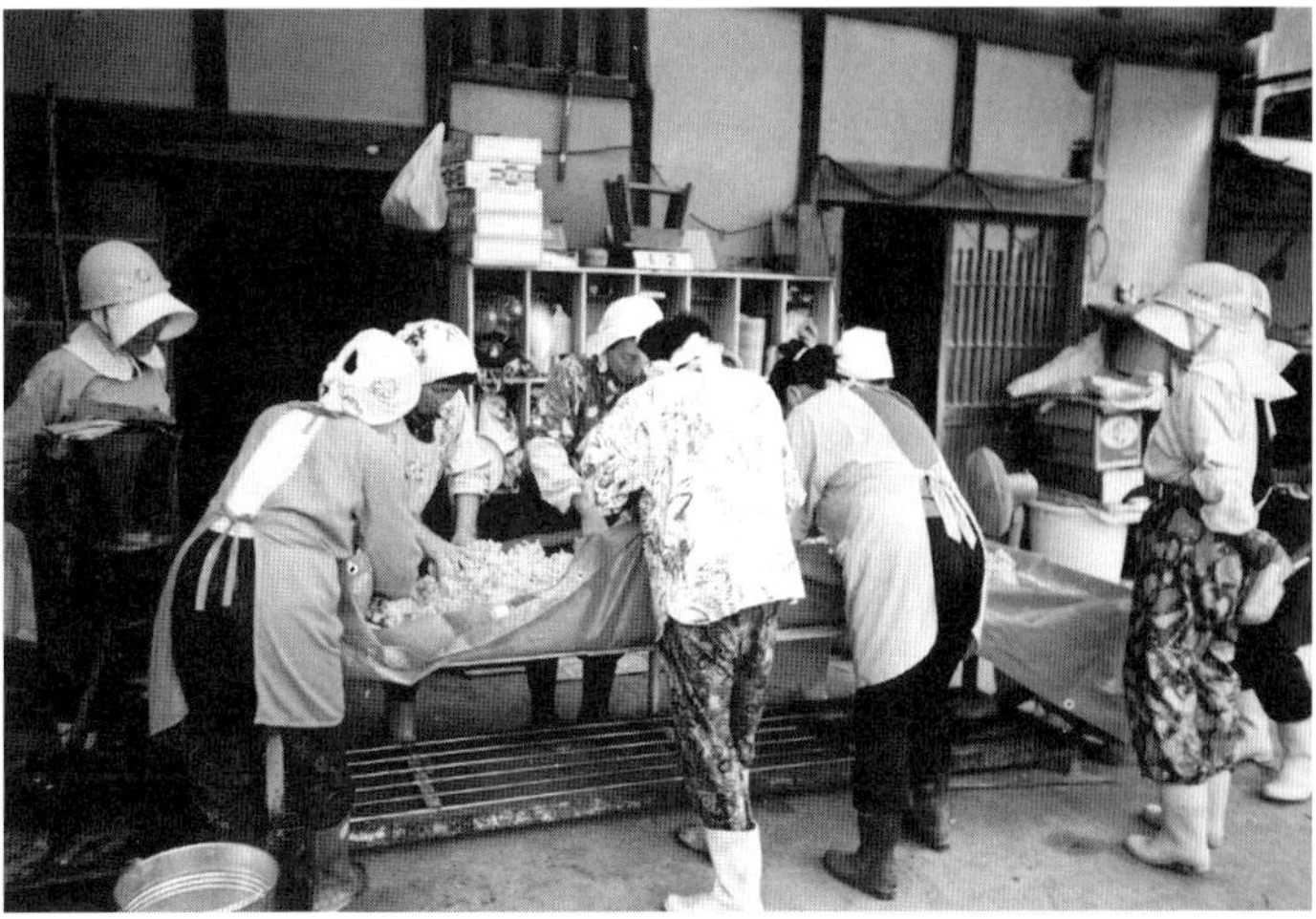
味噌を作り始めた頃の加工グループの人たち（村民提供）

⑥茹でた大豆を専用の機械でついて（豆腐を作るときもこの機械）、ペースト状にする。
⑦冷まして麹（3～4日寝かした米）をまわす。冷ますのに、へらで切ったり、扇風機で冷ましたりしてから手でもんで麹を回し、こだわりをもった塩（赤穂の天塩：ミネラルが入っている）で味を調える。塩加減は長年研究していて、塩分14％のラインを大事に守っている。毎年検査してもらう。

飯舘村「味噌の里親」プロジェクト始まる

東京在住（当時）の増田レアさんという女性が原発事故の前年にたまたま訪れた飯舘村で、「さすのみそ」と生産者の菅野榮子さんと触れ合う機会があった。増田さんは翌年2011年の原発事故の被害の深刻さと飯舘村全村避難のことを知り、村民のみなさんのことに思いを寄せ、味噌づくりを通じて「台所からでもできる支援」をどうにかできないかと考え有志を募った。呼びかけに応じ、同年秋以降、幾人かで集まり検討を始めた。増田さんの呼びかけは前年に飯舘村で手に入れた大豆で味噌をつくってこれを種味噌にして味噌づくりを普及していこうという提案だ。参加者のひとりで味噌づくりのプロである醸造会社幹部の角掛康弘さんから、もし前年につくられた「さすのみそ」が無事であるならばこれを種味噌にして味噌づくりをひろめていくとわかりやすいとの提起を受けた。

飯舘村に残されていた味噌の検査を実施して、放射性物質に汚染されていなかったこと（不検出）を確認。準備会として参集していた「種味噌プロジェクト」の名称を「飯舘村『味噌の里親』プロジェクト」としてあらため、12月に正式に立ち上げた（増田レア代表、山元隆生事務局長）。飯舘村の味噌を種味噌そのものにして一時預かり、味噌づくりを通してつないだ味噌をいつかは飯舘村に還そうという気持ちを込めて名付けたものだ。

２０１１年12月、菅野榮子さんは「飯舘村『味噌の里親』プロジェクト」の味噌の仕込み講師として、東京に招かれた。榮子さんにとって生まれて初めて一人で新幹線に乗って東京に行くことになったのだ。榮子さんは「凍《し》み餅《もち》」（次で紹介）をリュックにいっぱい詰めた。見送る芳子さんは11月に仮設住宅に入って来たばかりだった。しばしの別れなのに、リュックを背負って一人で東京に旅立つ榮子さんの背中を見て芳子さんは泣いたという。榮子さんはプロジェクト代表の増田レアさんに言われた通り、新幹線に乗った。乗ったものの、どこで増田さんと落ち合えばいいのか、まっ

味噌作りが終ったあと集う飯舘村の皆さんとワークショップに参加した皆さん

たくわからなかった。まあ何とかなるさという気持ちで新幹線を降りて、人ごみの流れに従って歩いた。運よく改札口に手を振る女性がいた。うまく増田さんと出会うことが出来て、榮子さんは冷や汗をぬぐった。

飯舘村の食文化を守るために味噌を預かって、多くの支援者とともに味噌をつくり、被災地との交流や支援を行う「飯舘村『味噌の里親』プロジェクト」の活動が東京を中心に各地で広がった。2013年6月、埼玉県神川町のワークショップに参加した榮子さんは話す。

「教室を借りて、熟成させた味噌をみんなで「天地返し」(味噌の熟成を均一にするために混ぜ合わせる作業)をしたんだ。不便なところだけど、東京の人たちが電車でやってきてやってんだ。中庭のようになっているところで、シートを張って、「天地返し」をした。ヤマキ醸造の角掛さんが『皆さん、手をつないで被災されている飯舘村の皆さんを思い浮かべながら、味噌の作業をやりましょう』と言った。それにほろっとさせられた」

「飯舘村『味噌の里親』プロジェクト」によるワークショップは、毎年、回を重ねてきた。事務局長山元隆生さんは次のように語る。

「2011年から2020年までに味噌作りに参加した人はのべ2298人。ワークショップの会場はのべ74か所にのぼった。しかし2020年春から急速に拡大したコロナ禍によって、プロジェクトとしての活動は事実上休止に追い込まれている。その中でもプロジェクトの後継として継続しているのは、埼玉県美里町における『つながれ　ひろがれ　までいの力』と題する荒馬座準座員さんたちによる味噌作りと、群馬県前橋市の自立型ケアハウス『悠々くらぶ』による味噌づくりだ。いずれも地域や世代間でつながって続いているのが特徴である。

また福島では菅野榮子さんの親戚である菅野哲《ひろし》さんの味噌づくり（福島市）と菅野榮子さんたちの後継者である細杉今朝代さんたち『やまぶきの会』による本格的味噌づくり（飯舘村）の2カ所で続けられている。福島の2カ所ではそれぞれの娘さん、お孫さんたちも加わっていて世代的にも引き継がれるかもしれない希望がみえる」

凍《し》み餅《もち》──「誰か人が住めるようになったときに、凍み餅が飯舘に戻ってくればな」

（菅野榮子さん・菅野芳子さん）

長野の小海町との交流が始まった

凍み餅は、東北地方の伝統的な保存食である。冬の気温が低く、乾燥している飯舘村の気候が凍み餅づくりに適しているため、郷土食として作られてきたが、原発事故により作れなくなった。

飯舘村の伝統的な知恵や技術を残す活動をしている「いいたて匠塾《たくみじゅく》」の菅野哲《ひろし》さんが、長野県南佐久郡小海町が凍み餅づくりに適した気候であることを知る。それがきっかけで、飯舘村と小海町の有志によって、小海町八峰《やっほー》村で凍み餅づくりが始まった。

作り方はまず、もち米とうるち米の粉を、オヤマボクチ（ゴンボッパともいう）の葉をつなぎにして餅にし、トヨ型（雨樋型）に入れて、長さ50センチほどの細長い形にする。それを切り分け一晩寝かせ、翌日に稲わらで編む。編んだ餅に水を含ませ、一連ずつ吊るして、一晩凍らせる。その後、風通しの良い場所でおよそ50日ほど自然乾燥させると、凍み餅ができあがる。

２０１３年12月、まだ夜も明けない薄暗い中、榮子さんと芳子さんは仮設住宅を出発した。仮設住宅の周りには、まだ雪が残っていた。車は榮子さんのいとこの菅野哲さんが出してくれた。福島県から会津を越え、５時間あまりをかけて東北道から北関東道、上越道を越えて長野県の南佐久郡に入ると、ピーンと空気が張った冷たさだったが、澄み切った青空だった。小海町の皆さんが出迎えてくれた。榮子さんや芳子さんは毎年のように凍み餅の伝授のために訪ねるので、皆さん顔見知りだった。

凍み餅づくりが終わると、集まった小海町の皆さんの前で榮子さんは話し始めた。

「菅野榮子です。あと一緒に何十年も加工グループや味噌作りをしてきました同じ仲間の菅野芳子さんと２人で匠塾（菅野哲代表）にお世話になって、小海町をお訪ねしております。飯舘村で作っていたものが、もう作れないっていう寂しさがあって、放射能のホットスポットになって、ああどうしよう、落ち込んで落ち込んで、本当に明るさというものが一点も見えない現状のときに、ひょっとしたご縁がありまして、紹介してくださる人がいまして、飯舘村と似たような気象条件のところがありますよということになって、小海町をお訪ねすることになりました。いろいろとお世話にな

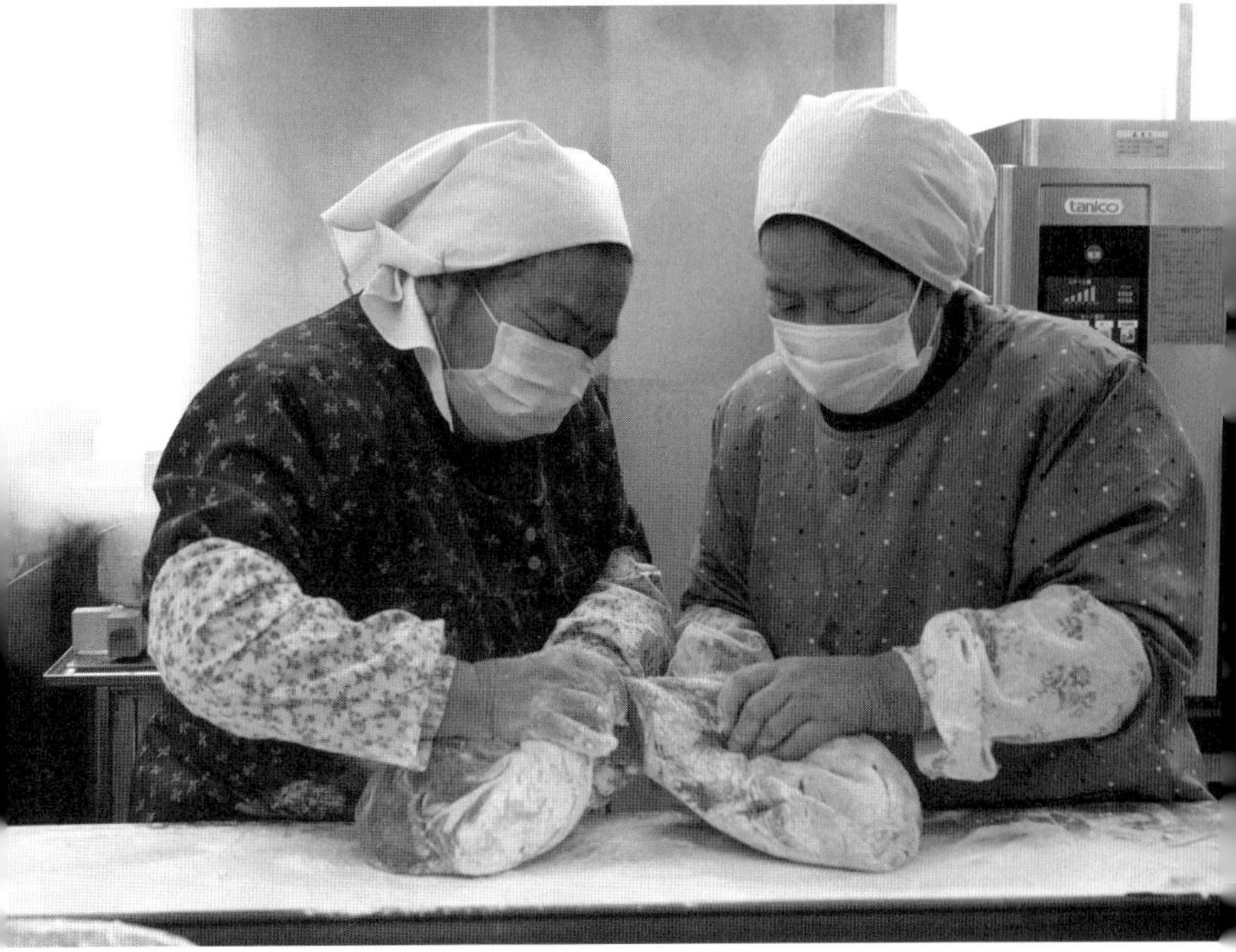

榮子さんと芳子さんにとって凍み餅を作るのはお手のものだ

りまして約3年間の月日が流れましたけど、今は小海町が自分の家よりもかい温かい土地になっています。

今までやって来た自分の技術、食の文化をここに残しておいて、そして育てていただきたい。何十年、何百年か過ぎたときに、誰か人が住めるようになったときに、凍み餅が飯舘に戻ってくればなと、ひそかな夢、小さな夢をかけて、楽しみながら小海に通わせていただいています。本当にありがたいと思っています」

集まった皆さんはおいしそうに凍み餅を食しておられたが、榮子さんの話を聞きながら涙ぐむ人たちもいた。その夜は馴染みのお宿で一泊した。朝起きると宿の横にある湖に氷が張っていた。さすがに八峰山の高いところに来たんだなと思う。気温は氷点下だ。凍み餅が飯舘村にふさわしいのは、凍み餅を一晩で凍らせるために、気温がマイナスになる必要がある。そして凍み餅に一番いい気象条件は、夜は気温が低く、空が澄み切り、星が満開になる晴れた日だと榮子さんは以前話していた。

榮子さんたちは、翌日の朝、皆で作った凍み餅がどうなったのか見るために、吊るしてあるところに出掛けて行った。山小屋のような家があり、そこに村長の渡辺さんがいた。榮子さんは縄で吊るした凍み餅を見て笑った。どうやら昨日の凍み餅が、うまく縄でつなぐことが出来ていないようだった。榮子さんと芳子さんで縄をつなぎ直した。外の木の枝に干された凍み餅は雪景色のなか、きれいに並んだ。

◀凍み餅をつなぐ縄がほどけていて笑い転げる榮子さん

その後、年に一回、凍み餅を作る冬には榮子さん、芳子さん、ほかにも凍み餅を作る飯舘村の人たちが小海町に通うようになった。

小海町の人たちと毎年のように交流を続けていた榮子さんたちも、2018年に飯舘村に帰村してからは「小海町の人たちにお伝えすることはもうないわ」と凍み餅の作り方をすべて伝授したと小海町の人たちに託し、その後通うことも少なくなっていた。

凍み餅のつくり方

凍み餅のつくり方を「飯舘村　菅野榮子さんが伝授する凍《し》み餅レシピ」(井出紀子さん作成)から紹介する。

＊材料　もち米粉　1・00kg／うるち米粉　1・00kg／ゴンボッパ(オヤマボクチ)750g
(茹でてあく抜きしたもの)

①もち粉1・00kgと　うるち粉1・00kg(合計2・0kg)を大きな鍋かボールの中で混ぜ合せておく。

②ビニール袋に入っているゴンボッパ(750g)を熱湯に入れてほぐし、湯切りをして少し絞る。

※絞りすぎず、水分多すぎず。(水を含ませ1・2kg位)

③もち粉と、うるち粉の入った大きな鍋(ボール)にゴンボッパを小さくちぎりながら入れて、よく混ぜ合せる。パラパラとしたら出来上がり。

食べ方は、一晩中水につけて翌朝、餅の水気を取り除く。フライパンに油を敷き、そこに餅を入れ、砂糖としょうゆを加えて餅をやいていく。火が通り、焼き色がついたところで皿に盛る。ほかにもきなこを付けたり、しょうゆをつけて焼き、のりを巻いたりして食べる

混ぜた時にかたまりがなく、水分加減は握ってみてまとまると良い状態です。
※水分が少ない時には、熱湯を足します。
④蒸し器に布を敷いて、四隅から入れていく。蒸気が上がりやすくするため、下の方にゴンゴッパの多い部分を入れて、粉の部分は後から入れる。最後に真ん中を少しくぼませる。加工所蒸し器15分・普通の蒸し器（ガス）で20分ほど蒸す。
⑤蒸しあがったら、餅つき機か臼でよく搗《つ》きあげる。加工所の餅つき機の場合、臼起動で45秒後、杵起動を押し2分15秒（計3分）で完了。
⑥搗《つ》いた餅を打ち粉をした台の上で伸ばす。（打ち粉をつける前に空気を抜くようにまとめ、面を直しておき、割れスジを塞ぐこと）。きれいに整えてから手のひらだけでなく、腕まで使って伸ばす。90センチのトヨ型（雨樋）にも打ち粉をし、伸ばした餅を入れる。肌がいいほうが下になるように入れる。型に合わせ平らになるように上から押して伸ばしていき、きれいに仕上がるよう整える。※この時、トヨが広がらないようにトヨを押さえながらやります。
※餅は、上からはみ出さず、中央が盛り上がらないよう注意しましょう。
⑦型からはずし、台の上で一晩休ませます。1日目は、これで出来上がりです。
⑧翌日餅の硬さに合せて、餅を均一に切る（1・2センチ〜1・5センチ位の厚さ）。
⑨切った餅を稲わらで編む。稲わらは、予め同じ長さの丈夫なものを4本一組にして下の部分をすぐって（すくって）、根元を結んで湿らせておく。切った餅を稲わらで6〜7個ずつ編み、

2本をつないで1連にし、1組にする（こぶし1つ分の長さの所で結ぶと長さが揃うのできれい。余ったわらは、2センチ位残し切る）。編み方は、次の通り。
・まず、わらを上下で2本ずつにして、間に餅を入れる。
・上のわらを下に、下のわらは上のわらの外側から上に持ってくる。
・また上下のわらの間に餅を入れ、先ほどと同じように繰り返し編んでいく。
・最後には、上にきたわらをねじり、もう一方のわらにくぐらせる。
・余ったわらを綯《な》って、完成。

⑩餅を凍らせる

氷点下5～16℃のよく晴れた寒い夜に凍らせることが大事です。

夕方4時頃になってから、編んだ餅を、水の入ったバケツに入れて、よく水を含ませてから、外に1連ずつ吊るして、一晩中凍らせる。

次の朝、太陽が出る前に取り込んで、凍った餅を箱に積み重ねて入れ、解けないように毛布やふとんで囲んで、2昼夜位そのままにしておく。その後、太陽の当たらない屋根下の風通しの良いところに、1連ずつ吊るして、40～50日くらい自然乾燥させて出来上がりです。

※最初に干す日の気温が下がらない日や雪の日は、段ボールに入れ、乾かないように新聞・毛布を掛け、2～3日待つとよい。

⑪凍み餅の保存方法

凍み餅は自然食で、緊急食や保存食になります。何年でも保存可能です。ブリキの米缶、米の保冷庫でも保存できますが、何年も保存する場合は冷凍庫で保存すると、最も長持ちします。

＊ゴンボッパ（オヤマボクチ）の下ごしらえ

①採ってきたゴンボッパを、よく乾燥させておく。／②付いているごみを取り除く。
③大きな鍋に水を入れて沸かし、沸騰したら重曹を入れる。
④沸騰した鍋に、こぼさないよう少しずつゴンボッパを入れていく。
⑤お湯があふれないよう気をつけながら、３時間くらいかけて煮る。
⑥太い茎（筋）が柔らかくなるまで煮る。
⑦茎が柔らかくなったら、鍋から取り出して黒くなった煮汁を絞って、大きな水槽に入れ、水にさらす。
⑧水槽の水が黒くなったら、ゴンボッパを取り出して絞り、水槽の水を取り替えて、黒い水が薄れるまで何回も繰り返してきれいにする（２日くらいかける）。
⑨きれいになったら、ゴンボッパを編袋に入れて、絞り機（洗濯機の脱水槽でも良い）で水分を抜く。
⑩１回分（７５０g）ずつビニール袋に入れて冷凍保存しておくとよい。※乾燥ゴンボッパ２kgに対し、重曹４００g。

凍《し》み豆腐――ものすごい研究心がないだにコツの覚え方がないと引けるものではない（菅野榮子さん）

家の壁にきれいに並んでいる凍み豆腐。まるで壁の模様だ。（菅野榮子さん提供）

大豆から自分たちでつくった

菅野榮子さんは1961（昭和36）年から凍み豆腐作りを始めた。凍み豆腐は凍み餅、凍み大根（大根を凍らせて乾燥させてつくる）で凍みもの三点セットと呼ばれ、飯舘村の寒い気候を利用してできる。榮子さんは一枚の写真を見せてくれた。私は最初写真を見たとき、家の壁の模様かなと思っていたら、それは家の前にところ狭しと吊ってある凍み豆腐だった。かつて、榮子さんの家の前にこれだけの凍み豆腐が並んでいたのだ。

「凍み豆腐は、前のばあちゃんから私のお姑さんと私で3代目だった。豆（大豆）はみんな自給自足で、こういう農家だから味噌作る豆と豆腐をひく豆はちゃんと畑で作っていたの。飯舘村は3年に1回、凶作あってから、お父さん（夫）はあんまり体も丈夫でなかったから、炭焼きという重労働に行って山仕事できる体質ではなかった。お舅さんはやってたけど。ほうやっているうちに（戦後）東京が焼け野原になったところを再生するというわけで、労働力が必要になって来た。東北で山仕事するよりはお金になっからって。出稼ぎにジャンジャカ、ジャンジャカ行った時代だった。昭和35年、36年頃かな。でもうちは牛はいるし、大家族でじいちゃん、ばあちゃんもいるし、お父さんの兄弟も学校に歩いて（行って）いるし、農村の嫁の立場で、私一人でこなせっぺかなって。お父さんは出稼ぎに行かねかった。凍み豆腐なんぼでも引く気になれば材料は買って引けるし、豆とにがりさえ買ってくればあと引く機械あんだから、豆腐でも引いて冬場のお金とりをしたらいいんでねえかってことになったの。

そのうち貿易の自由化になって、中国だ、アメリカだって輸入大豆がはいってきた。これは内地の豆より安いの。地元の豆は味のいいもの出来んだけど、力がない。外国の豆は力があるんだけど、味がいくねえ。ほういうのわかったから、5％くらいは内地の豆をいれ、そしてミックスしながらやった。あそこの豆腐の味はうまいよっていうことになって、どんどん売れるようになったの」

榮子さんの家では1シーズンに1・8トンもの大豆を凍み豆腐にしている。生産はすべて天然冷凍にしており、味も上々で、昔ながらの趣があると大好評だった。榮子さんは凍み豆腐作りは自然を相手にするものだけに1年1年の体験がものをいった。

「豆腐引きは味噌つきだの凍み餅つきとは違って、ものすごい研究心がないだにコツの覚え方がないと引けるものではないからな。それだけは残念に思っているけど、私だけで終わりだ」

夫の栄夫《ひでお》さんが2010年7月に、姑さんが2011年の1月に亡くなり、榮子さんは凍み豆腐作りを終わりにした。

凍み豆腐は国内産の丸大豆を使用し、にがりを使いながら、昔ながらの手作り豆腐を底冷えの晩に凍らせた後、およそ40日間、冬の日光と寒風にあて、完全に乾燥させる。作られた凍み豆腐は出汁《だし》が出て、味も格別だ。高野豆腐のようにも見える凍み豆腐。私は榮子さんの凍み豆腐を味わうことはできなかったが、きっと煮物に入れるととても美味しいだろうと想像した。

豆粉砕機で豆をつぶす

↓

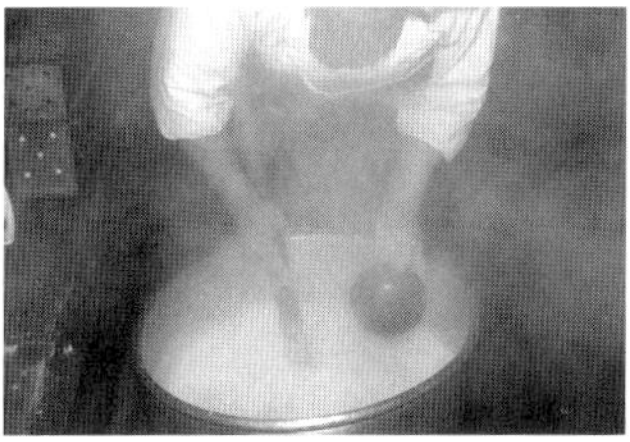

豆腐になる前

↓

豆腐に固める

↓

豆腐を並べる
↓

乾燥した豆腐をひもで結わえる
↓

凍み豆腐を外に干し、乾燥させる

語り部――「昔話と漫才を聞いて覚えた」（菅野テツ子さん）

飯舘村に多くいた優れた語り部たち

菅野テツ子さんに初めてお会いしたのは、２０１１年５月も終わるころだった。同じ村で民宿をやっている佐野ハツノさんの紹介だった。テツ子さんの夫、吉雄さんはハツノさんの義母の弟にあたる。

テツ子さんのご自宅は飯舘村の小宮地区中心部から奥に入ったところにあった。テツ子さんは初めてお会いするにもかかわらず、笑顔で迎えてくれた。３つ年上の吉雄さんと二人で暮らしている。吉雄さんはお婿さんで、年よりずっと若く見える。

テツ子さんは語り部として有名な菅野キクさんの娘で、キクさんとともに昔話を語ったり、漫才をしたこともあるという。

飯舘村にはそれぞれの地区に多い時では２００人ぐらいの語り部がいて、地域文化として語り継がれてきた。昔話は時代の変化に伴い、次第に消えようとしていた。１９９５年、飯舘村のすばらしい歴史と文化、さらにはよき伝統を誇りとして後世に引き継ぎ、住みよいふる里を創ろうと考えて活動している人たちで「いいたて民話の会」ができ、１９９６年、先人たちから語り継いできた昔話をまとめ、「語って聞かせっかい」を発刊。さらに１９９９年、沖縄国際大学の遠藤庄治先生たちの支援を受け、『飯舘むかしばなし』を２００１年に発刊した。

『飯舘村むかしばなし』いいたて民話の会、2001年

菅野テツ子さんの母親、菅野キクさんは『飯舘むかしばなし』の中に出てくる語り部のおひとりだ。母親のキクさんはどのようにして昔話を習得し、語り続け

ることになったのだろうか。

名人・菅野キクさんの話を聞いて覚えた

テツ子さんの母親、菅野キクさんは大正6（1917）年の飯舘村生まれ。キクさんの父・只野市太郎さんは栃木県の生まれで、15歳の時、生家を出て、木挽きになり、そのまま木挽きの親方と共に、山々を渡り歩いて飯舘村に来た人だったという。

その頃、当時まだ20歳前の一人娘に婿を探していた只野源助さんに気に入られ、キクさんの母親ウメさんの夫として婿入りしたという。明治の末頃のことという。

その頃の飯舘の山々は、恐ろしいほどの大木がみっしり生い茂り、そこへ市太郎さんたちは、カヤで囲った木挽き小屋を建て、寝泊まりしながら大木を伐っていた。その当時の養蚕景気も大いに預かって、木材の需要も多かった。

キクさんの昔話は、その多くを木挽き小屋の賄いをしていたばあさまから聞いたそうで、そこへ遊びに行っては、ばあさまの側で、着物などのほどきものの手伝いなどをしながら聞いたという。ばあさまは、木挽きの組と一緒に栃木県から来た人で、たくさんの話を語って楽しませてくれた。

キクさんが16歳の時、22歳の菅野信長さんと結婚。当時、山道を踏み分けての嫁入りだったという。婚家の菅野家は主な生業は炭焼きだった。

結婚した次の年、長女テツ子さんが誕生する。キクさんは夫を手伝い、夫婦で炭焼きにつとめて

避難前に小宮の自宅にて。菅野テツ子さんと夫の吉雄さん

ふくしまの伝承語り部たちが語るおばあちゃんの民話茶屋

いたが、時代の流れと共に、炭の需要が減り、戦後しばらくして炭焼きをやめ、キクさんも農業専業で暮らすようになったそうだ。

どうしてテツ子さんの母親キクさんは語り部をするようになったのか、テツ子さんに聞いてみた。

「うちのばあちゃんは、飯樋《いいとい》で生まれたんだけれど、じいちゃんは、栃木県から仲間と飯舘村に来たキコリでだった。仲間の奥さんが、和裁をしながら昔ばなしをしてくれるのが楽しみで、うちの母ちゃんはその頃、5つか6つ頃だか、近くだからよく遊びに行ってたんだって。そのばあちゃんは昔話語る人だった。ほして母ちゃんは昔話聞きたくて毎日その木挽小屋に行ってたんだって。その頃のおばあちゃんは裁縫をしたんだな、何かほどいて、昔のことだから頼まれるって。ほしたら母ちゃんはハサミでほどきものの手伝いをした。一生懸命、布を切らないで、糸だけを切ってほどいたんだって。ほしたら家のほうでも言ったんだべ。『いやこの童子《わらし》は大したもんだって。ほどきものをするって』褒めだしたんだって。そこで昔話覚えたんだ」

キクさんはふくしま未来博の民話茶屋での語り部として知られていたが、仕事が炭焼きから農業になってからは、夫婦で朝早くから夜遅くまで忙しく働いたという。そして忙しい母親に代わってテツ子さんを育ててくれたのは、祖父の後妻に入ったウメさんだった。

テツコさんはどうして昔話をするようになったのだろうか。お母さんから聞かされたのかと聞いてみた。

「うん、昔、私聞いたのはあの今仏さんになってる母ちゃんの姑なんだ、そのばあちゃんが子どもいなかったの。そのウメばあちゃんうんと私のことかわいがったのね。うん、だからちっちゃい時も母親は抱っこさせらんねで、ばあちゃんに取り上げられていたんだって。きょうだいいないから私。だからおばちゃんはかわいがって育てたのな。ばあちゃんからいろいろな話聞いたな。おんぶされたときやあそんでくれたとき、ふとんのなかに入ったときなど。そのうち眠ったからな」

そういいながらもテツ子さんは、キクさんからも話を聞いて覚えていた。キクさんが語りを頼まれたときの付き添いをやっていた。またお客さんが訪ねて来てキクさんが話を聞かせているときに、接待しながらキクさんの話を聞いて覚えたという。

テツ子さんはキクさんの跡を継いで、昔話を語る人として生きてきた。2001年うつくしま未来博（須賀川市）の人気パビリオン「からくり民話茶屋」では毎週漫才を披露した。以後、県内外で民話の語り部として活躍してきた。

テツ子さんは昔話を語り始めた。

三途の川の掃除婦の昔話

「昔話一つ語りますか？　昔昔な、あるところに仲のいいおじいさんとおばあさんと暮らしてたんだど、二人で。で、ある時、おじいさんはポツンとこんなごど言いだしたんだど。『ばあさんや、ばあさんや、今まで二人で仲良く暮らしてきたっぺ、だからどっち先にあの世に行ってもまだ何年だって待っててまた一緒になっぺな』っておじいさんはこう言ったんだど。

したらおばあさんは『ほだわよ。じいさまって。おらじいさまより好きな人なんと今まで誰もいなかったたって、じいさまほど大好きで来たんだもの、おれは先行ったってあの世さ行っても何年だってじいさま来るの待ってっから』って言ったんだど。じいさまこそ、こんなごど言ったたって先行って若いものなんていたから一緒になんてなんねえぞと言ったんだど。

ほうしたらじいさまは、おれ、そんなごどしねえって。ばあさまより好きな人今まで誰もいなかったって。だからおれ先行ったたって何年だってばあさま来るの待ってるわって言ったんだだって。そしたら二人でいや、あの世さ行ってもどっち先行っても待っててまた一緒になっぺなってかたい約束したんだど。

そうしたらそれから何日も過ぎねえうちにじいさまは、ぽつーんと死んじゃったんだど。いやーばあさま力落としてな。がっかりして、毎日毎日線香あげてお墓参りしたんだど。

ほうしたらだんだんだんだん寒くなってきたんだど。ああ寒いごど寒いごど、こんなに寒い時じいさまはあの世さ行ってなんぼか寒くてひどかんべと熱いお茶でも飲んで温まっぺからじいさまはお茶好きだからってお茶屋さん行って一番高いお茶っぱと土瓶を買って来て、どこの川でも三途の川につながってるんだって。ちょうどそのばあさまの前、いい塩梅《あんばい》の川が流れてたんだど。ああここさ、ここから流してやればじいさま三途の川さ流してこの熱いお茶飲まれっからよっぽど温まってなんぼか温かくなっぺなって思ってばあさまはその橋の上から買ってきたお茶っぱと土瓶と流してやったんだど。ほうしたらとんぷらとんぷらいい塩梅に流れていったんだど。ああこれでよっぽどじいさまは助かっぺと思って、ばあさまは毎日毎日お墓参りしたんだど。

ほうしたらだんだん今度は秋も深まって冬になって雪降ってきたんだど。いやー寒いごど寒いごど。ばあさま毎日毎日お墓参りして泣いてた。線香さ何も火つかない程涙こぼれるんだど。でも毎日お墓参りしたんだど。ほしたらばあさま思いだした。ああなあ、死んでいた時じいさまは白い着物一枚しか着て行かなかっだど、なんぼかあの世に行って寒かんべなと思って、ああ綿入れでも縫って、そしてじいさまの所届ければ、綿入れでも着てればよっぽど温かくなっぺと思って呉服屋さんさ行って、布と綿と買って来て一生懸命ばあさま縫っだど。目は見えねえべし、メガネかけて徹夜で一生懸命縫って、やっと何日かかかって綿入れはんてんが出来あがっだど、どこかああ今度はじいさまに届けられると思ってお墓参りに行く時この綿入れどぶぐ（ねんねこ）持ってってお墓の塔婆のとこさ、こう掛けて来だど、綿入れどぶぐ。ほしてなんぼかじいさま今度はな、温かいべ、綿入れどぶぐもきたし、お茶も飲んで温まっていられるべなって思ってだど。

ほうしたら今度は12月も過ぎて1月になっだど。もうしたらそーもそもそもぉーなんて昔は漫才やったんだ、ぽんぽんと叩いて。ああお正月来た。今度は昔はな、お正月になると今はあけましておめでとうございますなんて言うげんちょも、昔はこうやって言うんだ。良い春になりましたって言ったんだよな。うん、だから春になるわけだ、お正月になると。ああ春も近付いてきたなと思ってばあさま今度は毎日お墓参りしたんだど。

ほうしたら2月は28日だべ、たちまち3月になるわ。そしたら3月になっと今度はお彼岸が来るわ。お彼岸になるっつーと今度は仏下ろしっつの昔歩ったんだよな、仏様下ろす人、じゃらじゃらん、じゃらじゃらんって仏下ろし来たんだど。したらばあさまいやいや、あのな、おれじいさまにしばらく会ってないから、なんとかじいさまごと出して、ほしてじいさまと会わせてくんちぇって、ほしてお金包んで、ほして仏下ろし頼んだんだど。

そして今度拝んだど、じゃらじゃらじゃらじゃら仏下ろしはな、じいさまごど出すごどに、ほうしたらじいさま出てきだど。いやーばあさまやばあさまやって、しばらくだったなって。今日は呼ばっちぇ。大変だったなって出てきたんだど。ほうしたらじいさまそっくりな声で出てきたんだど。ほうしたらばあさま、じいさま思いだして、その仏下ろしのじいさまに、まあじいさま久しぶりだったなって、おら会いたかったわって袖につかまって泣いだど。

飯舘村小宮の菅野テツ子さんの自宅（菅野テツ子さん提供）

ほして、じいさまって、あんなにな、死んでいく時約束したんだから今も一人でいんだべって、おれはじいさまのことうんと心配してたって。んじゃから、熱いお茶飲んだら温まるっぺと思って一番高いお茶をお茶屋さん行って買ってきて、お茶っぱと土瓶と三途の川さ届くようにやったけんのう、届いてほれ飲んだんだべって、じいさまに聞いだど。ほしたらじいさまは、届くのは届いたけどじゃらじゃらん、じゃらじゃらんって、こっちの岩さ、がちゃんがちゃん、こっちの岩でごとんごとんって流れ流れていくうちにって、届いたのは土瓶のくず一つだって言ったんだど。

なんとしたじいさまって、ほんでは寒くて大変だったべってばあさまな、ほんじゃおれはなんぼか熱いお茶飲んで温まっていだど思ってたのにお茶も飲まねでいたのかと。

ほんじゃおれじいさまな、死んでいく時白い着物一枚着てなんぼか寒かんべと思って綿入れどぶぐを呉服屋さんに行って、布と綿とを買ってきて、縫って届けてやったけん、こいつは届いて着たんだべってじいさまに聞いだど。ほうしたら届くのは届いたけど、じゃらじゃらん、じゃらじゃらんってこっちの岩でぶうりぶり、こっちの岩でざありざりって流れ流れて行くうちに、綿も何もこっぱみじんにはち切れて流れて、届くのは左の袖片っぽだったたって。じいさまはな、あらら何としたもんだ、じいさま熱いお茶も飲まねえで、な、綿入れどぶぐも着ねえでこの寒い時に暮らしてきたのかと、ほんではこんな寒い所じいさま一人にやっとくわけにはいかねえからおれもじいさまのそばにさ一緒に行くからって、ばあさま何すっかと思ったら台所に行って出刃庖丁持ってきた、ここに。ほして、じいさまのそばさおれも行くからって言っだど。じいさまな、死んでいく時あのほど約束したんだから、で、じいさま今でも一人でいんだべってこう聞いだど。

ほうしたら、じいさま、いるのはいるけど、じゃらじゃらん、じゃらじゃらんって一人ではないとなっだど。なんだじいさま、あれほど死ぬ時約束したんでねえのと、何年経ったって待ってるって言ったの、何つっだど。ほうしたら年は25で、あの色白な肌はぴちぴちだべ、じゃらじゃらん、じゃらじゃらんって言ったべ。いやー、ばあさま怒ってよう、あれほど約束したのにこのじいさま気でも狂ったのかと、25だのほんな女《おなご》、何やってる女だって聞いたんだど、ばあさまは。ほうしたら三途の川の掃除婦だど言っだど。じゃらじゃらん、じゃらじゃらんって言っだど。いやーばあさま怒っちまっだど、今度はなあ。あれ程約束して若い女なんて持ってなんねえぞと言えば、若い女なんて持たねえで何年だってばあさま待ってるって約束して行ったのに。なあ､年は25だなんてなんだど、気でも狂ったのか。いや、今度ばあさま出刃包丁なんて持って死ぬところではないわとカンカンに怒ったんだど。

あんまり怒ったもんで仏下ろしは荷物まとめて行っちまっだど。いやー、ばあさまはじいさまを25の若い女に取られたと思ったらごせやげ（怒って）だべ。毎日毎日、こんなじいさまなんてお墓参りしてらんにぇと。ほうしたら今度は4月になったらどこでも田舎のほうでは村祭りだな。どんぺーしゃらどんどんぺーしゃら、太鼓から笛の音から聞こえんだど。あんなじいさまお墓参りしてるより今度はおれはお祭りにでも行くべと思って、ばあさまこんなおっきいおにぎり握って、何個も握って、あのでっかい四巾の風呂敷さくるくる丸めて背負《しょ》って、地下足袋履いて、ちゃんと白い手ぬぐい姉様被りに被って、ばあさま、あんなじいさまなんて想ってらんねと思ってお祭りさ行っだど。

ほうしたらみんな賑やかで、神社の前を、ざらざらざら歩いていんだど。向こうのほうに大した人入るような何だかあるんだど。あそこさ行ってみっかなと思って行ってみたんだど。ほうしたらな、見世物小屋って、地獄極楽と書いてあるんだど、ここにな。いや、木戸銭高いけど、これで生きているうちに地獄極楽、見られんでは入って見てみっかなとばあさまは思ったんだど。

ほうして今度木戸銭高いの払ってな、入っていったの中さ。ほうしてずっと入っていったら、なんだかきれいな女《おなご》の人の姿よう絵にして立てて置いでだんだど。その見世物小屋に。ほうしたら向こうから小屋の人、来たんだけど、なんだかひどくきれいな美しい女だど思って、ばあさまずっと眺めてたんだど上から下まで、きれいなんだど見れば見るほど。ほうしたらその小屋の人に聞いたんだど。あんまりきれいな女の人だに、これは何なんだって聞いたんだど。

ほうしたらその見世物屋の人、言わねばいいこと、これは、あの三途の川の掃除婦だって言ったんだど。そうしたらばあさまごせやげ（怒って）たの爆発しちゃったべ、今度は。この畜生女、人のじいさま取りやがってこの女だど、取ったのは。今度はごせやげ（怒って）て店入ったの。爆発しちゃったから、この女の（立て看板を）ちゃんと作ってきれいに立てたのよう、いやー今度は叩いたりむしったり、がちゃがちゃにして丸めて動かねえようにしちゃったんだど、足で。ほうしてがちゃがちゃにぶっ壊して、腹立ってたからすごく極楽になると高い銭払ったのに見ねえで、この三途の川の女とばかりぶっ壊して戻ってきたんだど。ほんじぇもは、なんぼにも腸《はらわた》煮えくり返ってしょうがねえんだど。あんな美しい女にじいさま取らっちゃかと思ったら癪《しゃく》に触ってしょうがねえんだど。

ばあさまな。ほうしてどうやったらいいべと思って考えた。ああ、じいさまもこういうごどやってたからおれもやってみましょう、と思ったんだど。ほうして今度うまいものな、おいしいものいっぱい買ってきて作ってよう、ほうして今度隣のじいさまごと呼ばったんだど。ほうして一日飲んで食って楽しく隣のじいさまと遊んだど。ほうしたらなんぼでも面白くて今度はこっち隣のじいさまごど、今度、呼ばって来てまたうまいもの食って楽しくそのじいさまと遊んだんだど。あっち隣こっち隣のじいさま、呼ばって毎日遊んだんだどな、毎日うまいもの食って。ほうしたらだんだんじいさまもいなくなっちゃっだど。

ほうしたら今度は甘いもの作って向こうの若い者、呼ばってこの若い者と飲んだり食ったりして楽しく遊んだ。いやあっちの若い者こっちの若い者みんな男衆と遊んだど、隣近所の人たち呼ばって。ほうしたらばあさんは今度若い人のパワーもらっちゃって死ぬの忘れて長生きしていつまでも長生きしたっていうお話でした」

菅野テツ子さんは漫才を録音して覚えた

テツ子さんはいとこといっしょに漫才をやっていた。当時の写真を見せてくれながら、テツ子さんは三河万歳の一部を歌ってみせてくれた。

「テレビだの、ラジオだのってその頃は電気なかったの。それで年寄りだの、子どもだの何にも楽しむものがねがった。家で舞台を作って、そして演芸会を青年会の人たちとやってみんなに見せて楽しんだわけ。ほしたらうちの裏山に、あの炭焼きとして引っ越してきたお祖父さんがいたの。この人はうんと滑稽な人で、漫才やる人なの。

昔うち、蚕かっていたから、うちの茶の間広かったので。庭も広かったの。そしたら青年会の人たちが集まって、ほして手踊りだの、うちの母親は教えたの~。そしたらそのお祖父さんは、青年会の人に漫才教えたのね。あの二人で一組なんだ……たゆうとさいぞうといって。4人で二組作っ

三河万歳を歌う菅野テツ子さんといとこのカネヨさん（菅野テツ子さん提供）

て、漫才やってた。

ほして、私はいろりの、昔こたつでも焚火してたから焚火のいろりの隅っこさ、あたってこうして眺めてたの。ほしたら、私は漫才、1から10まで憶えた。青年会の人に教えているとき憶えちゃったの。子どもの頃、覚えたのは大人になっても忘れないんだよな。大人になってからは、覚えたの忘れちゃってしまうだけれど。うちのおばさんも憶えていたんだけれど、だんだん忘れた。おばさん、こうでないんだよ、こうだよって教えてだんだん、こんなことしてるうちに、私のいとこが長泥《ながどろ》という部落なんだけど、この人が漫才やっから教えてくれろと言ってきたん。年とった人だけどこの人が二人でやるというわけで、この漫才を一生懸命、録音にして、そして、二人で覚えたんだ。そして、長泥のほうで、村祭って祭りあるんだよ。ほん時この漫才やっただど。ほしたら、いやうちさも来てもらいたい。こっちでも頼まれ、お店でも頼まれた。そして縁起物だからお金もらってよ。大した金儲けになって……（笑）」

テツ子さんは昔話も漫才の歌もよく覚えている。今まで書いて覚えたことはないという。記憶力が素晴らしい。それでも今は声が出なくなったことを気にしておられるふうだった。

「だいぶ声出なくなったの。ずいぶん耳鼻科行ったんだけど、何にもできねえと。この避難してから、ストレスで高い声が出なくなった。以前はマイクなんていらなかった。すごく高い声出た。だけど今は全然カラオケも何にもやんないんだ。あの高い声、ぐ～んと上げられねえから。遊んだ時代もあったけど、今はだめだ」

テツ子さんに東日本大震災の頃のお話を聞いた。

「地震の時、私は南相馬市の病院にいたの。私、体弱くて膠原病なんだわ。先生に診察受けて、そして処方箋もらって、トイレに行ったのね。私は膝が悪くて、身体障がい者のトイレに入ったのね。ほうしたら急にガタガタガタって音がするんだよな。すごいガタガタガタって揺れた。両方の手こう離して立ってられないんだよ。夢中になって出ようとしたんだけど歩けねんだよ。いやー、こんなトイレの中でこのままなんだべかと思って、で、地震どうにか少しおさまったからトイレ鍵開けたらあがったのな。ほうしたら看護婦さんたちみんな外に出ていた。三男の息子もなんだか慌てたんだか何だか、母ちゃんいなくなったって探していた。今度、息子の車さ乗ったんだよ。薬局の店の人が地震揺れる度に外に出てくるんだ。だけど私は車の中に乗ってるから、まさか地割れして車が入るようなことはないと思っていたったの。ほうしてしばらく過ぎてから、うちさ帰って来たらうちの物はなんでもなくて神棚の榊さ落っこちて水こぼれたぐらい。茶ダンスも何もひっくり返ってなかった」

それから2カ月後、テツ子さんは避難先の猪苗代のマウント磐梯《ばんだい》にある横向温泉に夫の吉雄さんと息子の3人で避難した。

菅野テツ子さんに再びお会いしたのは、2015年、松川仮設住宅で、飯舘村「味噌の里親」プロジェクトの主催で菅野榮子さんをはじめ、飯舘村の母ちゃんたちがその年に出来た味噌を味わってもらうために催された収穫祭だった。松川仮設住宅の人たちも一緒にごちそうになっていた。私は菅野榮子さんを追いかけて撮影を続けていると、片方の手で杖をつきながら、近づいてきたのが菅野テツ子さんだった。病気がひどくなったのだろうか、以前会った時よりも元気がなかった。

テツ子さんは、榮子さんを見ると大きな声をあげた。テツ子さんは榮子さんを知っていたのだ。村の学校で榮子さんより2つ上の上級生だった。

「小さいころからよく出来たんだよ。賢かったんだから」。テツ子さんは榮子さんのことを語った。そしてみんなで井戸端会議が始まった。

「私は飯舘の家をあきらめきれない」

テツ子「やっぱり家は恋しいわ。80年近くも育った家だからな。まだ若いお嫁さんであればさみしさも耐えられるかもしれない。これからの人はお嫁さんに行っても……今、80歳のものは頑張れと言われても頑張りようがない。だからうんとさみしくなったのね。家にいると寂しくなるの。いたときと同じ、そのままになっているから。道具あるんだもん」
村民1「家の中がさみしいもん」
テツ子「入った途端、うんと寒いんだよな。今になったら。大きな家で閉め切っておいて。外は太陽あたってっから暖かいけど、家の中は冷たいの」
村民2「何となく、こっちのほうが第2の故郷のような気がして」
テツ子「ストーブ焚いても寒いんだ、家。広いから」
村民2「仮設のほうが我が家のような気がして、嫁に行ったところから、我が家さ帰るような気持ちだ」
テツ子「みんなあきらめるんだな。私はあきらめきれないの。若いときから苦労して頑張ったの、今、何にもなんねえだもん。財産置いて裸で来たとおんなじだ」
村民1「子どもが育ってやれやれと思った矢先にな」
テツ子「子ども育ててよ。家も古い家だから家を建てようと頑張って夜の12時ごろまで夜なべして働いてよ。やっと家を作って、二親面倒見て、今、自分でやれやれよかった、今度は二人で何とかやろうと思った矢先、ここに来たんだ。だから家を見るともう諦められない。こんなこと言ったらなんねえんだけど、皆さんにご支援いただいてんだから、だけどなんぼでもあきらめきれないんだな。なんでこんな皆に励ましてもらう身分になったのかなってと思うと寂しくなってくる。集まってこうして話するときはな、楽しいです。忘れんの。こうしていると寂しくねえけど」

村民2「こうやって今まで付き合ったことのない人と付き合うようになった」

テツ子「今まで会ったこともないんだ」

村民2「おらんちは飯舘村なんだけど、こうやってな仲良くして」

テツ子「親戚だの、隣近所の人はいないんだ。ここには。隣はバラバラで南相馬市のほうだし」

村民2「ここさ来て初めてな、それこそ隣近所のような、お互い助け合って。助けてもらって」

テツ子「人生もいろいろ変わるな。ほんとにな。こんなことは生まれて以来初めてだ。今までなかったことだからな」

2015年の飯舘村「味噌の里親」プロジェクトの収穫祭で再会して以来、私は松川仮設住宅のテツ子さんご夫婦を訪ねるようになった。

テツ子さんは膠原病が年々ひどくなり、歩くことが困難になっていった。手足が動きづらいテツ子さんの身の回りは夫の吉雄さんが世話をし、病院にも車で連れて行っていた。

2017年3月、避難指示解除に伴い、1年後仮設が閉鎖されることになった。仮設の住民も1人1人離れて行った。テツ子さんたちは遅くまで仮設に残っていたが、現在は二本松の復興住宅で夫と息子とともに暮らしている。

民宿の女将――「自分を大切にする生き方が、までいな暮らし方になっていた」(佐野ハツノさん)

までいな暮らし方をしてきた飯舘村

佐野ハツノさんは飯舘村で「どうげ」と呼ばれる民宿を夫とともにやっていた。

2011年5月、私が初めて訪ねた時は、飯舘村がすでに計画的避難区域に指定され、5月末には村から避難しなければならない時だった。ハツノさんは「牛がいるから5月末までに避難することは無理だよ」と言って、6月まではいるからまたおいでと言っていた。

当時、宿泊客は私と私の運転をかって出てくれた友人の女性と、飯舘村の取材に来ているジャーナリトだった。大広間とはなれの部屋を使い、夜になると野菜をふんだんに使った料理が出ていた。原発事故から飯舘村の野菜や果物は使われず、もっぱら他からの食材が使われていた。「今夜はイノシシ汁だよ」と、それは昨年獲って冷凍していた大切なイノシシ肉を使って料理をしてくれた。

ハツノさんから聞いたお話は、「までい」という言葉についてだった。

「『までい』っていうのは、今そこにあるようにとか、思いやりを持つこととか、あるいはものを

夫の幸正さんがそばを作り、ハツノさんがゆでてくれた

大切にするとか、それから丁寧に扱うとか、そういう意味合いを含んだ言葉なのね。昔からこの辺の言葉ですけども、『までい』にしろよ、ご飯粒『までい』に食べろよとかね、何か手仕事をする時はきれいに『までい』にやれよって。『までい』の言葉はいろんな所で使われてきたのね。だから飯舘の人たちは昔からそういう心構えでずっと接してきたから、それが自然と人と人とのつながりなんかも、他の地域の人たちよりは、なんていうのかな、丁寧なお付き合いした暮らし方してたんだよね。うん、だから今まであのなんていうの、この飯舘でずっと先人から伝えられたこと、そして私たちがこの飯舘村でやってきたこと、そういうのが本当今になると大切だなって、これをまだずっと続けていかなくちゃいけないないなって思ってるんですよ。それは私ばかりじゃなくてこの飯舘に住んでる人たち皆そうなんだけどね」

「若妻の会」が村の女性たちを変えた

私が佐野ハツノさんを知ったのは、酪農家の長谷川花子さんに聞いたからだった。佐野ハツノさんも長谷川花子さんと同様、１９８９年からの飯舘村主催のヨーロッパ研修旅行「若妻の翼」の第一期生だった。「若妻の翼」とは、農繁期の一番忙しい時期に、40歳未満の嫁たちをヨーロッパに派遣するという村の企画である。ハツノさんはこの研修旅行で目からウロコだったという。

「豊かな暮らしとは、豊かな心。それにはまず自分が変わらなければならない、自立した生き方が必要と考えるようになったことが、一番の成果でした。豊かさとはお金のあることではない。自分たちの生活を自分たちの力で作り上げることが大切だと気づいた」という。

「私たちは昔、飯舘では男尊女卑が強くてね、そういう考えが。で、結局男の人たちが何でも意見を出しているけども、嫁である女たちは何にも言えないって。女たちは家庭の中だってね、一番先に早起きして寝る時はしまい風呂に入って最後に寝るってそういう生活。あと意見を言うものならとんでもない嫁だってこう言われて、昔からそういう話はあったのね。

でも、若妻の翼があった時はもうネクタイをかけた男の人たちばっかりがいろんな所に買い物で出ている。でも考えてみれば半分は女性が住んでるじゃないかってね。女性たちを元気にして、そして、自分たちの暮らし、自分たちの家のこと、それから地域のこと、そういう所を自分たちで工夫してデザイン出来る女性像をつくりましょうっていう思惑が根底にあって、でそれが若妻の翼に結局なったわけですけど、その若妻の翼に出る時だってね、本当に今まで誰も外国になんて行ったことのない時代なんですよ、ましてやこの村でなんかはね、行ったのは農業海外派遣事業とかってね、あの男の人何人か行ってましたけど、全て夫や息子である男の人ばっかりだったんですよ。それも一人か二人ずつね。だからそんな状況の中で若妻の翼を起こした時はもう村中、大げさに言ったら天と地ひっくり返したぐらいに大騒ぎになりましたよ。

結局どんな嫁たちが行くんだろう、おそらくお婿さん取りの人たちじゃないかって、嫁さんたちは行けないだろうってまわりが想像してたのね。でも結局あのときに該当者、飯舘の該当者は450人位いたそうです。でもほとんどの人はね、嫌だって。もう行くなんてとんでもない、出来

イノシシ汁と野菜をふんだんに使った料理

ないだろうって。本当は行きたいんだけどそれを行くっていう口に出せない思いで行かなかったんだけど、でも私たちは第一期生なんですけどね、で、結局その時に、あ、行きたいってその言葉をやっと出したわけなんですよ。で、出すっていうことはそれなりの決意するまですごくこう心に葛藤があったんですけど、結局みんなの家族の協力もあったから行けたわけですけど。

その時、私はいろいろ考えたんですよ、私たちこれでいいんだろうかって。ヨーロッパ行ったときに、あちらの女性たちがなんていうかな、その積極的に行動、自分の頭で考えて行動するんですよね。でも私たちは全く自分の首から上は使ってないんですよ。家族のために、子どものために、夫のために、我が家のために、ってそういうことばっかりしてて、これはおかしいなって思ったのね。結局、人間って私たちだって人間だからもうやっぱり人間らしく生きなくちゃいけないなってこう思って、でそれは何だろうなって言ったら、自分を大切にすることだって。自分を大切にするっていうことは、まわりの人たちも大切にするし、思いやる心を持ってやることだから、そういう生き方なんだよなってこう思っていったらば、気がついたら「までい」な暮らしになってたってのね。

昔は飯舘村はなんて貧しい村なんだと言われてきたけれど、そうじゃないんだ。自力で頑張っていく村なんだぞと、それを目指して私も一生懸命、務めました。やっているうちにいつの間にか、皆も私を評価してくれるようになって、そしてまた周りも変化して、もちろん女性たちも、変わらざる得ない夫たち、男性も変わってくれて、そして村全体がよくなりました」

全国初の女性農業委員会会長

1996年、ハツノさんは女性として村で初めて農業委員となった。農業委員は、市町村ごとに設置されている行政委員で、地域の農業者の代表だ。実際、村の農業の従事者の6割は女性というデータもある。女性初の農業委員となり、これまで男性一色だった農業界に女性の視点を取り込むことができた。3期目には農業委員会の会長になった。全国初の女性会長として、いろいろなところに引っ張りまわされたという。

「農業委員を1996年から2005年まで3期9年やったんですよ。やっているうちに当時ね、女性の農業委員が必要だということはどういうことなのか分からなかったんですけど、国の方針でやっぱりただこれからは農作物を作るだけではないんだということ、農村環境も女性たちが担い手としてやっていくべきだと、あとその中に加工グループを作ったり、そしてグリーンツーリズムを取り入れるべきでないかっていう方針があった。たまたま私が農業委員になった時はそういう方針だったんですよ。

グリーンツーリズムって言ったときに、私はその1989年に行った若妻の翼の時にドイツのシェルナハという所にホームステイしたのね。そのときものすごい感動したんですよ。私たちはお客さんが来ると至れり尽くせりもうみんなやってあげるのね。そうするともう接待でも疲れちゃってね。心の中ではお盆とかお正月はいらないなんて、疲れるためにあるもんだなって思ったんですけど、でもその若妻の翼に行ったホームステイした時は、自分たちの暮らしはしっかりとガードし

被災の体験を話すハツノさん

てるのね。うん、で、お客さんにも自分たちの暮らしの中でどうぞっていう感じだから作ったわけでもないし、でもそれがかえって私たちにはうんとこう気楽でよかったんですよ」

「絶対このシステムを村でやってみたい」

「そしたらこういう接待の仕方だったら私たちも出来るなってこの時羨ましく思っちゃって、そしてそれが農家の副業、サイドビジネスだとも分かったのね。そしたらこんなサイドビジネスって農家で出来るのかと、民宿なんか出来るのかなって思って、でも日本はまあヨーロッパみたいに長期滞在はしないからこれ無理だろうなんて思いながらも、でも羨ましいなってこう常に抱いてたのと、それからその農業委員になってグリーンツーリズムの活動始まったのと重なって、私は特によその農業委員さんよりは強く感じたんですよ。絶対このシステムを村でやってみたいって、たしかに村はマッチしてるなって、条件がずっとマッチしてるからこれを村に広げたいなって、それで一生懸命活動しました。

推進したんですけど、まだ誰もやってくれるって人いないのね。でもほら加工グループは皆さんやってましたけどね。直売所とかは。でも、民宿とか農家レストランとかはなかったんですよね。だからみんな推進して私たちがオススメしたって結局誰ものってくれないとおっかなびっくりで、出来ないんですよ。資本金もかかるし、果たしてね、効率上手く出来るか。もう赤字でやめるようになっちゃうかもわかんないし、それだったらこれみんなが出来ないっていうことは、じゃ自分がまずやってみて模範しめしてみようか、そして私がやってよかったらみんなやってくれるんじゃないかなってこう思って、三期なって私はやめました。やめると同時にこの民宿を始めたんです。

で、目的はね、農産物の消費拡大だったのね。この民宿をやってたくさん他所から来たお客様にね、農産物を飯舘村の産物を買ってもらおうって、それが思いだったんですけど、結局やってみたらお客さんは飯舘のために飯舘の産物をたくさん買っていきましょうなんていうお客さんはうちには泊まってないっていうこと気付いたんだな。で、結局じゃこのお客さんたちは何を求めてるんだろうっていったら結局この環境なのね、そして農村の暮らし。結局「までい」な暮らし、「までい」な飯舘村を求めてきてくださってるってこと気付いたのね。そう思ったら、ああ、じゃ私の気持ち転換しなきゃなって、切り替えなきゃなって思って、じゃこれからはお客さんのためにおもてなしっていう気持ちでね、じゃ飯舘の田舎、田舎の親戚になろうと、親戚感覚でなるっていうことは、これは『までい』なもてなし方を出来るなって、そしてお客さんに伝わるなってこう思ったから、で、それをやったんです、始まったんです。そしたらお客さん結構来てくれるようになってね、で、今年で5年目なんですよ、震災以降はそういうお客さんは一人も見えません」

ハツノさんは民宿業をやりながら、村議の夫と共に農業、畜産業の仕事をしていた。2006年、ハツノさんは「グリーンツーリズム」をテーマに民宿を始めた。名前は「どうげ」で、地域の旧称である「同慶」がなまった呼称という。

「うちは米が主に水稲です。そして葉タバコ、あと黒毛和牛ですか、の繁殖業やってて、あとはちょっとね、ちょこちょことしいたけを栽培したり、ちょっと野菜を作って売ったりとかってそういうふうにしてやってましたけど、母体となるのは水稲です。次が葉タバコ、そして和牛と三本立てだね、それがうちの複合経営だね。それやってました」

夜になるとそば作りが始まった。夫の幸正さんがそばを作り、ハツノさんがゆでてくれた。

仮設住宅の管理人として

２０１１年８月、ハツノさんは最初の避難先から松川第一仮設に移り、仮設の管理人となっていた。どこにいっても必要とされる人だった。仮設には１１５世帯、そのうち49世帯はお年寄りの一人暮らしだった。仮設に避難したお年寄りは、お盆を過ぎたころから精神的に滅入った人たちが増えていた。それに気がついたハツノさんは自治会長と相談して、イベントをやって元気づけようとした。その中でカーネーションの会といって裁縫教室を始めた。一人暮らしのおばあさんたちは平均70歳を超えているからお裁縫の経験があった。戦争中や戦後の物資がないときに、自分の着物をほどいてよく普段着に作り直して使っていた。そこで野良着やモンペにするなど、着物を再活用することを思いついたハツノさんは、新聞を通して着物を支援してくださいと呼びかけたら、全国各地からたくさん届いた。そして東京から支援に来ている人に「販売したらいいのに」と言われ、販売をすることになった。道の駅のような販売所から、東京のデパートにまで卸すことができて、人気が高まっていった。

人気が高まるのとは裏腹に、問題も出てきた。仮設のおばあさんたちが精神的に元気になるためというのが目的で始まったカーネーションの会だったが、都会の人たちが考えるような商業ベースの支援にはマッチングしなかった。

管理人としての業務も過密になっていった。福島市に近いこともあって、訪問客が絶えなかった。基本的には土日は休みのはずだったが、2日間休んだことはほとんどなかった。

管理業務の間には自分の家族の世話もやらねばならなかった。朝昼晩と炊事をし、義理の母親の世話をし、朝夕は実家の両親のところも見回らねばならなかった。ときには買い物をし、病院にも連れて行かねばならなかった。

2013年、ハツノさんは多忙とストレスでついに病におかされた。3月には兆候があり、7月に下血した。病院で直腸がんと診断された。当初、ステージ2だったが、その後すぐにステージ4になった。リンパに転移し、ポリープを5個も取ったががんの進行は止まらなかった。手術と治療の繰り返しが続き、肝臓にも転移した。

ハツノさんは松川第一仮設の管理人の職を辞した。郡山の病院で手術を何度か受けながら、抗がん剤、陽子線による治療を続けた。私はハツノさんにはしばしばインタビューをしたいと連絡を入れていたが、申し込むときは手術の頃と重なっているときが多かった。

◀「凍み餅、凍み大根、凍み豆腐は凍みもの三点セットです。
飯館の『までい』な暮らしの『までい』食なんですよ」

「先祖から受けたものが、結局みんななくなっちゃう」

飯舘村は2017年3月の避難解除を前に、2016年7月から村民の帰還を認めていた。ハツノさんは2017年から飯舘村の自宅に帰り、郡山の病院に通いながら、施設にいる両親のところ、そして義理の母親がいる仮設と行き来を繰り返していた。

2017年6月、飯舘村のハツノさんの家に行くと、見た目には元気そうなハツノさんの姿があった。「私、今、畑仕事をしているのよ」と私を畑に連れていき、水まきをする姿に驚かされた。しかし話を聞くと、朝は4時か5時に起きて、仕事してご飯を食べ、ヘトヘトになり、いったん寝る。10時くらいになるとまた元気になって、少し動いて、疲れて、2時ごろからまた寝てと、寝て起きての生活の繰り返しだという。

「結構やってきたから、まあいい人生だったなぁと思うし、これからのこと考えると、うちのこととか身内のこととか、夫のことも含めてね、心配なことはたくさんありますよ。ありますけれども、でも今のうちに自分の気持ちを伝えておくることはできるし、孫たちには手紙を書いておこうかと思って。あと20年くらい過ぎてからでもいいから、私がなくなったときでもいいし見てほしいなって思うのを書いておこうかななんて思ったり。息子とかうちの家族たちはわかってくれてるし、思うことは言ったし。後世に残したいと思ってケヤキも植えたし。

いやもう、まいったねって。結局、冗談言いながらいってるけれども、ここがやっぱりなんか悲しいね。たとえば我が家だってうちの父ちゃんが…7代目か、息子に経営移譲しているから8代目なんですよ。ところがこういう状況でしょ。やっぱり将来ゆくゆくはいいだろうってずっといろいろな計画を立ててやってるじゃないですか。山の木なんかも代々植えてんのね。で、私なんかも、うちの夫の祖父母の植えた木を私たちが切って使うっていう感じで中に一代あいだあるんですよ。結局、うちの息子だったら、うちの今亡くなっちゃったけど舅が植えた木を切って使ってやるっていう、末代残すために、まあひとつの貯蓄だわね、木も。木は植えてさえおけば育つから。そうやって備蓄するっていうふうな感じでいたし、あとだんだんに機械化っていうか仕事の効率もよくなってるからだけど、規模を拡大してるっていうことも、将来的にいいだろうって思ってこうやってきたことなのね。そうすると、先祖から受けたように、わたしたちにも将来こうしたらいいだろうって描いてたものがあったじゃないですか。結局それがみんななくなっちゃうっていう、ね。

いちばんかわいそうなのは、私は息子だと思うの。うちの息子は経営者だったんですけど、今45歳。今度46になるんですけど。結局、今、半端ですよね。除染作業にきてるんです。単身赴任で。(飯舘村に)来てるけれども、結局こんなわけじゃなかったって。うちも農業の大学だして、きちんと後継者にするってやってたわけじゃないですか。そうしたら、息子も結局そういうつもりでずっとその思いで来たんだけど、ここにきてこんなふうに離れるようになったり、自分では農業やっていきたいと思っても今度家族がいるじゃないですか。また今お嫁さんも体よくなくて。すんなり戻ってくるには難しいこともあって、子どもがましてや孫たちが来れないってなるとそこでいろいろあって、息子がいちばん苦労してるなって。わたしたちは年取っちゃったからまぁいいけども。

これからの人が中途半端になっちゃってるなって。ゆくゆくは子どもを教育したらば、ふたりで戻ってくるって言ってるけれども、もどってきたってまた同じくなるわけなじゃいですか。だから早くにみんなで戻れるようになれたらなって、それが最高の救いだなって思うのね。ここにチヨウナ削りの蔵があるんですよ。

あの蔵をみんな壊そうと思ったら息子が残してくれって言うのよ。メンテナンスはおれがやるから残してくれっていうのね。あとみな壊すことになったんです。お父ちゃんは壊そうかって言ったんですけど、でも息子がそういうものはあとは作れないよって。息子にしてみればなんでもあとかたなくするのはいやだなって思うんじゃないかなって思ったの。いちばん考えて苦しんでるのは息子なんだなって思うんです。別になんも入ってるんじゃない、ろくなもの入ってないんだけど。

みんなでね、前の飯舘村に帰るっていうのは難しいだろうけども、お金でない、心の豊かさかな、「までいライフ」、そういうのをもった生き方をできる村になってほしいなって思うの。ほんとお金ではないと思う。お金はほしいと思ったらいくらでもほしいし、なけりゃなくても生きられるし。いや、お金はあるにこしたことはないのよ。あるにこしたことはないけど。でもお金に替えられないものがあるんだよね。たとえば山の恵み、春は山菜から、秋のキノコ、冬なんかうちの父ちゃん、キジとかカモ狩りとかやるからね。けっこう今、みんな食べられなくなっちゃったじゃないですか。

そういうことって、自然のなかで生きられた、そういうこともできたんだよね。でも今それできないからね。山に行ってとって来てって言っても難しいことだし。だからそのへんをうまく、悲しいけれども、山のきのこをとって食べないようにとか、工夫をすれば、それなりに自分たちで生き方を変えていかなければならないけど、自分たちで作っていくっていう、そうしたら結構いい飯舘村できんじゃないかなぁ」

佐野ハツヨさんは２０１７年８月26日未明に息を引き取った。享年69歳だった。

第3章

〈聞き書き〉戦争・開拓・炭焼き

土さえあれば人は生きていけると榮子さん

戦争――「ピカドンの話知ってる人生だものな。選挙するときは原発反対。それでも原発は建った」（菅野榮子さん）

小学3年で新聞読んでピカドンを知った

菅野榮子さんは昭和11（1936）年5月生まれ。昭和18年に小学校へ入った。太平洋戦争中で、父親は彼女が学校に入る前に召集になった。残されたのは慶応2（1866）年生まれの祖母と母親、そして榮子さんだった。榮子さんが小学校3年のときに終戦になった。そして9月、父親は帰ってきた。

「私は飯舘の出身で。父ちゃんも飯舘の人だったの。母ちゃんは違うけど。父親の故郷がいいだろっていうので、南相馬の鹿島にいたんだけど、結婚して父ちゃんの実家に行ったの。

私は小さい頃は戦争があったから。第二次大戦があったでしょ。父親が召集されたのね。母ちゃんと慶応2年に生まれたばあちゃんと3人暮らしをして、父親のいない所で育ってきたから、父ちゃんのいない生活の寂しさも味わった。小学校3年生の時に終戦を迎えたから、戦争の厳しさ、不自由さ、父親のいない中で生活をする思いは、本当に言葉に表せないほど経験したよ。

小学校3年生の8月に戦争終わったという天皇陛下のお言葉も聞いたしね。ラジオで。今日は天皇陛下のお言葉があるからラジオのあるとこ、集まってって。母ちゃんに手引かれて、行って、夏休みだったから。昔の天皇陛下は、『朕思うに』なんて言葉使ったじゃん。

私らには分かんないよ。これ以上戦争を続けるわけにはいかないということで、日本は無条件に降伏するほかにないという。その前にも広島に落ちた原子爆弾、長崎に落ちた原子爆弾も、新聞で、小学校3年生だから字を読めるから新聞もあっちゃこっちゃは読めるわな。ピカドンという言葉で表現されたんだよ。広島にピカドンが落ちた。長崎にも落ちたって。記憶に残ってるわ。そういう怖い物がアメリカにはできてんだ。空襲で死んだとはまた違って歩いているうちに倒れて死んだ人が山になっている。新聞で見たものが子ども心に離れないね。原子爆弾だの原子力っていうものは、おっかねえもんだ、怖いもんだという記憶があったね。

戦争中。あの頃なんかみんな想像できないと思うよ。電気あったほうがいいほう。電気のないところがあった。幸い村には電気あったの。傘っこ（電球に付ける傘）があったのな。明るさが外に見えるとB29が飛んできてあそこには家があるなと分かったら、爆撃されるから外には見えないように黒っこやって、明りが燃えないようにした。原町まではB29が来た」

「勉強するったって紙もねえから、土に書いて教えてもらった」

「学校に行ってると、防空壕さ入れって、いわっち。原町にB29来たって言われたら、そこさ入って、ぎっしり子どもたち入って黙って、空襲警報解除になったっていったら、そろそろ出て勉強する。

ガリ版切って、一枚一枚切って。紙すらないし、鉛筆一本だって大事に大事に使って、まだ使えると思ったら山から竹切って鉛筆にはめて、鉛筆の芯使って。金もないし、教科書も1カ月か2カ月か遅れて。

それまでは先生の自主学習みたいにやってきた。勉強するったって紙もねえから、勉強しろなんて母ちゃんにも言われなかった。字、覚えなきゃなんねえときは、土に書いて教えてもらって。先輩に川って字はこう書くんだよって。それでも新聞も読めるし、ラジオも理解もできるし、悪いこともしねえで。

鞄なんて持って歩ける人はいいほうだったんだから。縞の風呂敷に教科書背負って歩って。バスなんてねえもん。草野から、佐須は分校。そこは4年から6年まで同じ教室で習ったの。10何キロも歩くのは無理だから分教場で習った。

中学校は離れた本校に通って。お父さんとお母さんは朝4時に起きてご飯やんねえと弁当作れない。小学校のうちは分校。大舘小学校だったから、佐須と大倉と小宮と3つ（分校）だった。

字書くだって、いろり、灰あるところに火焚いて、暖房器具もなくて、火焚いたとこに灰があるから、母ちゃんが帰ってくると、今日は学校で何習ってきた、今日はこういう字習ってきたんだよ、火箸でいろりに『ア』ってこう書くんだって母ちゃんに教えたよ。『ふーん、よく覚えたなあ』って。父ちゃんがまだいないわけだよ。『今日は学校で何習って来た』って母ちゃんと寝て、『ここさ書いてみろ』って、母ちゃんの太いももに『おとうさん』ってこう書くんだよ、『おかあさん』ってこう書くんだよって、習ったんだ」

「父ちゃんは召集されて炭焼きやってた」

「学校さ上がんねえうちに父ちゃんは兵隊に行って、終戦で帰ってきた。4年、5年くらいは兵隊にいたな。内地だったから9月になってから。戦地さ行かねかったから。

国では、戦争に重点を置いてやってきたわけだからな。優秀な青年を学徒出陣なんていう制度とって、鉄砲玉代わりに戦死させてきたんでねえの。その頃子どもだったけど、銃後を守るとか、戦争に勝たねばということで我慢してやってきたんだ。

うちの父ちゃんは次男坊で婿様にきた人だから、飯舘さ帰って来て、林業をやってたの。炭焼をやってたの。だから兵隊いっても炭焼やってきたんだって。

兵隊でも、その頃のエネルギーは木炭でバス動かしたりなんだりするじゃん、そんでな、箱根の山ん中いたし、あと長野の山ん中にいたし、埼玉の秩父の山ん中にいたの。炭焼の、それこそ課長やってたんだべ。

窯も作られるし、炭焼なんて経験したことない人だって兵隊さいって、そういうエネルギー関係っていうか、そういうとこまわさっちゃ人たちが、炭焼やってたんだよ。埼玉の蕨《わらび》に本部があって、秩父の山ん中さいって小屋建てて、兵隊さんが、その頃は佐須だの飯舘にも入ったんだけど、兵隊さんが松の木、枯れた松の木が倒木してあっぺ、そうすると根っこは腐らねえであるじゃん、その根っこ掘りしたんだよ。それから、釜みたいので煮て、温度加えると油出てくるの。油とっていたんだと。ゾウゲノキはダメなの、松でないとダメなの。根っここうやって張ってるのを担いできたり、引っ張ってきたりして、つくる釜かなんかあったんだな。そういうふうにやったんだよ。私ら、兵隊さんが来てるの（知ってた）、小宮にもあったな。私らの部落にはなかったけど。松根油とか何油とか言ったんだな。

おらの父ちゃんは、山仕事があるから飯舘に入っぺっていうことで来て、炭焼した。私がちっちぇえときはな。だけど、今度戦争になって、兵隊に父ちゃんが行っちゃったから、帰ってきて土地がないから。長男は実家に土地いっぱいあっけど、次男にくれる土地はねかったから、婿さんさ出たわけだべ。そういう家で生まれました。

都会の人は疎開した時代だべ、戦争中は。飯舘には疎開してきた人だの、親戚訪ねて入ってきた人なんていっぱいいたよ。だから、私は疎開することはなかった。飯舘だから」

ばあちゃんと母ちゃんとの3人暮らし。「母ちゃんは郵便配達した」

「農家だからなんとか食べてたんだよ。資金源がな、父ちゃんが働いてて、炭焼きしてたけど、そういうお金はいらなかったけど、うちの母ちゃんって働く人だったから。みんな労力がないわけだ、男の人が兵隊さ行ってるから。田んぼ作るだって、労力がなければ田んぼだって畑だって作られないべ。そういうところの労力の手伝いにいって、手間、労賃をもらって生活してたんだけど、うちの母ちゃんは学校さ歩いて（行って）たんだな、その頃。字を読めたし、書けた人だったから。郵便局で配達の人の兵隊さ取らっちゃから、だから配達が不足になっちゃたの。郵便局さ勤めてくれねえかっていわっち、配達やったの、母ちゃん。朝早く出ていって、夕方遅く帰ってきて、字読めるから配達できるわけだなぁ。

ほういう生活したから、なんぼ雪道だって、雨降ったって、霧降ったって、学校休むことはなかったよ。母ちゃんにくっついていけば学校さ行けるから。そういうとこ恵まれてたんだよな。ばあちゃんが留守番してくれてたし、帰ってくればばあちゃんいるし。一人っ子だから大事にしてもらったしなぁ。

ばあちゃんはちゃんとした人だったから、昔の慶応2年くらいに生まれた人だから、自分は字読まねぇから、字読まねぇのはたいへんだって思ったんだべ。だからばあちゃんは、子どもいない人だったから、孫に養子もらって、孫に世話になったのな。で、孫はみんな学校さ出した。だから、母ちゃんのきょうだいは二人いるんだけど、本当のきょうだいがな、みんな学校さ出て、頭良かったよ。頭いかったし、下の2つ違いのおばちゃんなんかは白河にいて、今は死んだけど、以上総代（学年で一番勉強のできる子）だったって」

戦争中の食べ物や空襲の話。「原町はもうボロボロだった」

「農家だから。周りがみんな農家だし、畑借りたって、自分で食べる野菜くらいは作れたから。誰かが貸してくれたり、これはうちの土地でねぇって言ったたって、じゃぁうちは土地いっぱいあるから貸すから作れって言われれば、作れたし。

食べ物に困ることはなかった。野菜も作ってたし、ばあちゃんがとってきて、料理してかせらっちゃしな。ちゃんとしてたばあちゃんだったよ。わら細工して、草履作っていたばあちゃんだ。私ら草履作ってるとこさいって、ばあちゃん草履さ作ってるとこ毎日見てるわけだ。雨降ったりすると外さ遊びに行けないから、危ねぇとこさ行ってはダメだどって、ばあちゃんは一人孫だから、至れり尽くせりだよ。だからこういう性格ができたの。ありがたいと思ってるよ。

そのばあちゃんに（戊辰戦争のときの）聞いた話がある。昔な、官軍が押し寄せてきたんだって。明治維新のことなんだわな。二本松の城下町の近くだから、藁の中さ入って、隠れてたんだって。みんな農家の人たちは官軍が来たぁって言ったら、誰もうちにいなくなって隠れたんだよってって。官軍なんていうのは、その頃はわかんなかった、今もよくわかんねぇよ、それは明治維新の、なんていうのほら、白虎隊が戦った時の物語なんだなぁって後で思った。慶応は3年でなくなったんだな、年号でな。それから明治になってんだな。そのどさくさの境に生まれっちゃから、ほういうのをそれなりに、親たちに教えられたんだかなんだか、その話は残ってるな、ばあちゃんに。藁の中さ隠れたんだどって。それで明治維新ができたんだなって、後から思った。明治維新がどうのこうのなんてことは言わなかった。

戦争の時、飯舘では学校さ行ったって、白い服なんて着らんねかったんだから。白い服なんて着っと目立づがら、B29が白いのは人だっていうのわかるから、上から爆弾でババーやられるから、みんなヨモギを煮出したりなんかして緑に染めて着て歩いたんだよ。学校さカバンなんてしょって歩く人はいいとこの息子だったり娘だった。風呂敷ぎしょって歩いたの。本をほぉろぎほぉろぎ。男やろめ（男の子たち）らなんて、本を放って歩ったわよ（風呂敷に本を入れていたから本を落っことし落っことし男の子たちは歩いていたわよ）。

学校に入って1年生、2年生ころからかな、防空壕っていうの掘ってもらって、原町さ来たって。B29が原町さ来たっていうと、学校の高いところに無線で入る、青年の学校みたいなところがあったんだな、役場に。そこんとこ、高いところだったからタテヤマっていうんだ。無線で入るんだな、飯舘に。入ると原町が空襲だって。そう言われっと、連絡あんの。サイレン鳴ってきて、サイレン鳴ると防空壕さ入らされるの。帽子被ってカバンを抱えて、本なんか机さ置いて、早く出ろって先生に怒られて。だけど、誰か同級生が戻ったのな、階段があって、急な階段、石段をのぼっていかなきゃならねえの。笹が多いの、両方な、こっち（左）が防空壕だったの、役場の後ろからこっちのお寺さ抜けるように防空壕掘らってたの。ここさはいるわけだ、子どもたちはな。ほったら同級生の人が、戻ったのな。なんで戻ったか知らないけど、一番最後に来たら先生に怒鳴らっちゃったの。そしたら先生に怒鳴らっちゃったから石段カタカタ落ちてくる余裕ねくて、笹のところゴロゴロ転がってきたのな。何しに行ったのったら、弁当とりにいったんだって。

ほういう時代に育ったんだな。そしたら、佐須でも防空壕あったの、分校だったんだけど。よくうちのおとさんも言ってたよ。『おらは弁当たがえて逃げたんだ』って。『大学教授になったやつ、一級下のやつは、防空壕さ入れっていわっちゃ時は、弁当持たなかったけど、本持って逃げた』って（笑）。そこで分かれたんだ。『人はそこで分かれんだよ』ってよくおらのおとさん言ってたよ。

あの頃は、防空壕に入るころは、何人か、1クラス7、8人は疎開してた人たちいたもの、東京から。そういう人たちが頭いくてな、東京の学校さ歩いて（行って）っから、頭いかったよ。同じ学校に通って、終戦になったっつたら、1年もいないでまた都会へ行った、そういう人たちは。

（空襲による）攻撃はない、飯舘は。でも原町だの福島だのはあったよ。原町なんかは飛行場もあったから。原町はもうボロボロだって。だから攻撃するっていうのも大体予見はできたんだな。無線かなんかでな。

私らの飯舘だって、飯舘の空はウーっていうのはしなかったけれど、電気の光みえたらそうなった時対応できないからって、裸電球の傘に黒い布をかけて、そういう生活をしてたんだよ。そういう生活して、食うものもねえ、何もなくて、父ちゃんもいねえっていう中で生きてきたんだ。だけんどもあの頃の子どもは悪いことはしなかったよな。きゅうりとって食ったくれえで」

終戦の日のこと。「日本では戦争に勝った時してきたことをされると思ったっぺ」

「（終戦になったのは）わかったよ。8月の15日に天皇陛下のお言葉があるんだって、正午に。どこかに福祉委員にはラジオがあったの。豊かな家にはラジオがあったんだよ。おんつぁんの家にはあったんだな。おんつぁんっていうんだ、おじさんのことは。おんつぁんさ言ったんだから。すぐ上なんだ、おじさんのうちはな。父ちゃんの実家の。近所の人たちも集まったんだから。正午から。

うちのおんつぁんは兵隊さいかねかったの。みんな戦争たけなわだからって、農村の男の人たちみんな招集しねかったの。各集落にポスト、ポストさ、そこを守るために置く人材があった。男の人が何人かがいたの。結局女ばかりになったら作物もなんかも作っていかれねえべ。できなくなっちまうべ。その土地で食料を増産するための働く人を残しておいたの。そこの人だったんだな、おいのおんつぁんらは。だから自分のうちの田んぼ作らねぇかって、兵隊さいった人のうちの田んぼさ作らなきゃなんねえから、早くからブルをかけたりそうやって、植えねかなんねぇ、自分のうちの田んぼは植えらんねかった。そういうことだったんだよ。いた人もひどい目に遭ったんだよ。私の夫の父親もそうだったの。兵隊さいかねかったの。どこもなんでもないんだけどな。悪いとこないんだけど、地域に残された一人なの。だからやっぱりひどい目に遭ったんだなぁ。

兵隊さいったとこの家の田んぼをいねえうちは自分のうちの田んぼをいられねべ。そういうふうにして、国はちゃんと考えて戦争したんだよ。だけども、食糧事情が悪くなったっていうと田んぼ一反いくらという割り当てくるわけだから、一反歩、何ぼってな。だから大変だったよ、あの頃は。俵編んで、手で編んで米入れて、そうして出したんだよ。残ってた人たちは、男の人たちは大変だったよぉ。残さっちゃ女の人も大変だった。

おんつぁんの家さラジオで集って、私ら母ちゃんにくっついて、3年生だから行ってたの。正午からっつうから何人か集まったんだな。そしたらお言葉が無条件降伏するっていう。無条件降伏なんていうの、小学校3年生くらいではわかんねえべや。だけんどもその言葉は覚えてる。日本は無条件降伏だと。だから戦争はやめたって。日本では日露戦争だとか朝鮮戦争だとか何回か戦争してるわけだべ。そのたびに勝って外国さ侵略してったわけだべ。満州さ移民を送って開墾させたりなんだりして、侵略してったべ。その時中国さわたって、中国人奴隷にしたり殺したりなんだりした、そういう経緯があるんだべ。

だからおんつぁんだの、おいの母ちゃんだの話聞いて知ってっから、今度は日本が無条件降伏で負けんだから、殺されるか、女、子どもは殺されっからなんだか、連れていかれっかなんだか、わかんねんだから。働いてることねえって。こうやって8月15日の正午だったから、その頃まだ田の草とってたんだなぁ。穂出るころだったんだけど、仕事できたんでねくて、田の草もなんもとることねえからって。だってみんなして仕事しねえって、田んぼさ畑さいかねえではあ、働き盛りの人たちがお茶のみしてたんだはあ。おらい（「おれ」と同じ意味）のおんつぁんだあ歩いていったんだべなあ。仲間で組んでいって、浜さ行って魚買ってくるからって。魚買ってきて食うべえって。そって行ったんだから。この七曲り、原町さ行くんだってこういう所下がっていかなならねえわけだ。歩いていって、浜さ行って、魚買ってしょってきて、またこういうとこ歩いてきたら夕方だべ。みんなで分けて魚煮てかせらっちゃ覚えある。あと、殺されっちあ食わねんだからって、ぼた餅ついて食うべって。

その頃は最高はぼた餅っちゃ。ご馳走だっただよ。ぼた餅ついてもらってな、じゅうねん（えごま。福島はえごまの名産地。えごまを食べると十年長生きするといわれる）と、あんこのぼた餅なんだけど、砂糖ねえから甘いぼた餅かんねえのよ。砂糖ねえのよ。砂糖がねえから。だからしょっぱい塩ぼた餅で、塩あんこで、ぼた餅ついて食わせらっちゃな。で、殺されるんだどって、あの覚悟はしてなんねって。女と子どもは連れていかれるかもしれね。男は殺されるって。そういう覚悟して。おらいの家は浜さ近かったから、杉の沢さから、浜さ下って魚買ってきたんだは、おんつぁんは。あとは佐須の辺では、浜さ行ったんだけども、おれ嫁に来たとこのあいつなんかはべこ（牛）を殺して食ったり、犬殺して食ったりしてやっていたみたい。

（戦争が）すぐ終わったから、これで平和になるとは思わなかったんだ。だって日本は戦争に勝った時してきたことをされると思ったっぺ。戦争が終わったからホッとした、父ちゃん早く帰ってくるわなんて誰も思ってねえわ。兵隊だってどこさ連れていかれっか、わかんねえって、その当時はそういうふうに大人は言ってたよ。だけんども、いつまでも兵隊抱えてたって、今度は国では米も何にもねえんだから、大変だから、内地にいたやつは復員させねばならねえべ。8月の15日にそういうふうになったって、9月にうちの父ちゃんは帰ってきたんだから、内地だったから。あそこの父ちゃんも帰ってきた、ここの父ちゃんも帰ってきたっていうことになったべえ。そうやってきたんだけど、南のほうにいた人たちは早かったの。

ソビエトさ行った、シベリアのほうに行ってた人たちは何年も捕虜になったりなんだりして、何年もかかったんだな。だから重労働もさせられたりして、3年くれえかかったよ。3年も4年もかかって俺はシベリアのほうだったから帰ってきたんだっていう人たちもいたな。おらの父ちゃんが早く帰って来ても、同級生は『栄子さんはいいなぁ、父ちゃん帰って来て』って。『おれの父ちゃんはまだ来ねぇ』って言ってた。でも死んだんでねえべって、死んだんでねえからいつか帰ってくるよって。そん時戦死した人たちはわかってたからなぁ。まぁ、こういういろいろあったな」

父ちゃんの弟は潜水艦に乗って戦死した

「（父ちゃんが帰ってきたとき）やー、なんか、しょうしいような（恥ずかしいような）、気使うような感じだった。4年ぶりだよ。でも父ちゃんは父ちゃんだから、恥ずかしいような感じだったわ。いつも家にいねんだもの。

父ちゃんの弟が海軍だったのね。海軍で末っ子だったの、一番下の弟だったんだけど、昭和18年に戦死したの。潜水艦に乗ったから。潜水艦で帰ってきたのは1隻しかないんだって。今まで航海してな。だから、今度は帰れないかもしれないって、休暇でよこされたのな。今までは海軍だから、ベレー帽みたいので詰襟の服着てカッコよかったんだよ。美男子だったから。おらの父ちゃんだのきょうだいはみんなスラっとして美男子なんだよ。母ちゃんのほうは、おらは母ちゃんのほうに似たんだけれど、おらいのおんつぁんはカッコいいなぁって（笑）。来るとな嬉しくって、三郎って同じ年なんだけど従弟にいたんだな。三郎と二人でおんつぁん来た、かずおおんつぁん来たって。かずおおんつぁんはカッコいいなぁって見たもんだった。だけど戦死した。ソロモンのほうに行って、18年に広報入ったの。戦死した広報入った、そういう情景も見てきたしな。いろいろ見てきたからぁ、戦争は嫌だなって思ってるよ。

（戦後は）今度は食糧増産だわよ。生活変わっぺや。殺されもしねえべしよ。開放して、なんだかんだ言ったって、日本の国は士農工商で進んできた国だべ。一番偉いのは武士だったべし。その次は農民だったべ。土地ある者には誰も勝てねっていうことで、国有林開放されたんだもの、おれは一所懸命開墾しねばならないわけだべ。3町歩も4町歩も手起こししたんだよ。水田はできなかった。

うちの、嫁に行ったとこの夫のじいちゃんていう人が頭のいい人だった。昔から話の上手な人だった。じいちゃんがな。毎日じいちゃんと農作業に行くわけだ。孫嫁だから特に可愛いいわけだな。新しく来た嫁さんだから、いろいろしゃべっても感心して聞いてるからしゃべり甲斐があるわけだ。うちの人たちは何回も同じこと聞いてっから、そんなことどっくに聞いたって。せつねえやめろっていうくらいの話だけっちょも、私は新鮮味があったの、話を聞く。その中で話術というものを教えられたっちゃ、じいちゃんには」。

「核を使って何百年も後遺症を残すようなあれは頼るものではねえってことくらいは思ってたよ」

「私らだって選挙するときは原発反対だ。原子爆弾経験してきた、ピカドンの話知ってる人生だものな。こんな核を使って何十年も何百年も後遺症を残すようなほんなあれは頼るものではねえってことくらいは、何ぼ安い生産費で電気エネルギーがおきたって、そのくらいのことは思ってたよ。だもの、選挙するたんび、衆議院選挙するたんび原発賛成派なんて投票したことねえよ。原発反対派さ投票してきたよ。だけんちょも原発が建ったわけでねえか。だからやっぱりこの原発事故起きて、ごく一握りの人が犠牲になってもしようがねえんだって思ってると思うよ、企業だの政治家は。日本の経済優先発展のためには一握りの国民が犠牲になってもしようがねえって思ってると思うよ。だけどもそれは大きな間違いだと思うよ。間違ってるか間違ってねえかは国民が審査するもんだ。私はそう思ってる。だから私らが反対だ反対だなんて走り回らなくたって、あの映画（映画『飯舘村の母ちゃんたち――土とともに』）見てどういうふうに察するかって、私は思ってる。どういう決断をしてどういう風な行動していくのか。私らだって反対してきたんだもの。夫らだって仕事しねえで何日も何日も署名活動してそうしてやってきたって原発は建ったんだもの。そういう経緯があるんだもの。そういう経験してきてんだもの。私はそう思ってる、今も。だから原発はいらないだの反対だの言わなくったって、あの映画見てどういうことで原発ができてるんだか、そいつに対応してどういうふうにして日本の国守っていくんだ、日本人の遺伝子をちゃんと守っていって、貧しくても日本人だって誇りを持ちながら生きていく国を作っていくかだなっておれは今思ってる。

何考えてるんだか、何のもんだべって思うことといっぱいあるよ。この前長野さ行った時か、いろいろしゃべって、東電では何のもんだべって、野池さんていう編集委員長やってる人いっぺ。あの人が席一緒にして。企業は自分の経営怠慢なところがあったから、原発事故起きたんだべって。何でちゃんとこうしておけばよかったんだっていうことを認めねんだべって。卑怯だどな。卑怯だと私は思ってるっていったけどな。なんだかわかんね。

で、よっちゃんと二人で、死んだ人は楽だなあ、死んだほうがよかったなあって。早く死にてえなあって。よっちゃんと朝はそうだって。で、畑さ回って、『あ、キュウリいっぱいなってた。こいつとっていかな夕方までこうなるとって』『じゃ、とっていくべ』って。汗拭く手ぬぐい広げてそいつさ包んで、二人でこっち側とこっち側持ってくるわけだ。こんなにとれたんだから、よっちゃん、死んではいられねえな。ほだなって。出かけていくときはいつ死んでもいい話。散歩から帰ってきたときは、野菜つかんだときはまだ生きられる、まだ死んでられねえなって。死んだらこのキュウリ食わんねえもんなって」

開拓――「父ちゃんは次男坊で自分の土地はないから、国有林に入植して食料を増産したんだ（菅野榮子さん）

菅野榮子さんが小学校3年のときに終戦になった。そして9月、父親は帰って来た。復員してきた父親は、開拓に入った。

「戦争が終わったら、日本の国はぼろぼろになって、食料もねえ、なんにもねくて餓死する寸前、栄養失調の子どもがいっぱいいでて、肺結核の子どもがいっぱいいでて、拡大する社会にするのに、食料増産、食料増産というあれで、復員した若い兵隊さんをどうするか。

職がねえんだから。国有林を開放したりして、入植、開拓（のための）制度を作って、国の補助制度を使って入植を推進してきたのが私らが子どもの時だったんだよね。

父ちゃんが農家の次男坊で自分の土地はないから、国有林に入植して食料を増産したんだ。万能《まんのう》（草刈り鍬《くわ》ともいう。日本古来の除草用農具の一種）一つ、鍬一丁で、木を切り倒して、燃やして土に埋めて、その土にジャガイモでも蕎麦でも作付けして、自分で食べるものを作ったわけ。その頃のほうが楽しかったよ。畑作ることによって食料が増産されて食べるものができるじゃん。新しい生活が根を下ろした。

　戦争はなくなったし、戦争はしなくていいし、父ちゃんは、どこさも行かないし、父ちゃんと母ちゃんに手伝って、学校休みの時は手伝うことによって、仕事がいっぱいできるわけだから、こういうふうにしていくことが、自分が食べるものだって取って食べられるんだから嬉しかったさ。

　農業ってそんなものだと思うよ。自分で作った物をそれがおいしいなって、実感できる、それが最高の幸せだと思っていた。だから私は結婚しても土に生きる覚悟で結婚した。土さえあれば人は生きていけると思った。

　そういう開拓農家の経験をしたからでねえの。私の父親も純農業で土に生きた人だなと思うけど、よく「百姓はな、土一升、米一升になんなきゃだめなんだ」って。そういうのがじっじ、父ちゃんの父親の生きざまだったんだな。今、私は素晴らしいなと思う。土一升の中から米一升取れるような百姓になれっていうこと。すごく誇りを感じる」

「開拓は終戦直後、国有林を開墾したんだ。その頃終戦で食うもの何もなくなったべ。戦争でボロボロになっちゃったから。だから、国策は食糧増産のために国有林を開放して、食べるものを作って、まず国を復興しなきゃなんねぇってか、国民が生きてきゃなんねっていうようなのがあったわけ。それで国有林が開放されるようになったから、土地があれば食べ物作っていけるわけだ。農家の人たちは、農家の次男坊、三男坊も含めて、復員してきて、土地のない人たちもみんな開拓農家さ、飯舘入ったの。国有林を開放されたから、山へみんな入って、あのころブルドーザーなんてない時代だから、万能《まんのう》っていうんだけど、鍬一丁で、根っこを掘って、北海道を開拓したのと同じみたいに。北海道は馬で根っこを掘り起こして行ったたっていうけど、そういう広いところではないわけだから、福島は。大きな土地があるわけでないから、だんだん畑でも山あいさ入ったんだよ、飯舘なんかは。だから小宮とか長泥《ながどろ》とか蕨平《わらびだいら》とか比曽とか大倉とか佐須とかいうところは、開拓農家がいっぱいあったの。中央の深谷とか、深谷にもなんぼかあっけど、伊丹沢とか、そういうところはあんまりないの、中央の流れがあるから、あそこは。国有林もあんまりないしな。だから国有林を開放して、開拓農家が出来た。東京に住んでる人だって飯舘さ来て開拓したんだよ。

終戦の後に国策としてやったの。ここんとこさ入って、うちでは開拓農家だったから、まとまったところに国有林があったから、そこに3町歩とか4町歩の農地を取得できたの。そこで一生懸命開墾して育ってきたわけ」

菅野哲さんの著作『全村避難を生きる』によれば、昭和40年代、飯舘村の総戸数は約1900戸、うち農家は約1500戸、開拓農家は600戸余りで、農家の約3分の1が開拓農家だったという。第二次世界大戦後の日本は戦地からの引揚者や復員者が多く、仕事の不足、食料の不足に苦しむ人たちで溢れていた。国は食料増産のために、また復員軍人や海外からの引揚者などのために開拓事業を行い、国有林地を開放して、人々を入植させていった。

入植者には、長男が家を継ぐので、次男、三男が国有林地の払い下げを受けて入植したもの、そして満州・朝鮮などからの復員軍人や海外からの引揚者がいた。なかでも満州から引き揚げた山形県の人たちは山形に開拓で入植する場所がなく、飯舘村の国有林地に入植したという。豊栄開拓団といって強い結束を保ってきた。

飯舘村で取材を続けるなかで、多くの農家が終戦後、飯舘村の開拓に入ったと聞く。第四章で出てくる中島信子さん、原田公子さん、長谷川花子さんの父母やあるいは祖父母、義理の祖父母が開拓したという話を聞いた。特に後述の中島信子さんのご両親は飯舘村の比曽の土地が石ころだらけでそれを耕作地にするにはたいへんな苦労があったという。重機もなく、万能と呼ばれる農具一本で一つ一つ石ころを掘り起こしていった。先に入植した人が捨てていくほど、大変な土地を信子さんの父母は開拓していった。重機が入ったのは昭和30年代、信子さん夫妻がやっと豊かな米や野菜や牧草ができる土地にして、後継者ができたところで、２０１１年、原発事故が起こった。

原発事故で土地を奪われることがなければ、飯舘村の人々は、今でも悠々と百姓や酪農を続けて暮らしていただろう。彼らの土地への思いは父母、祖父母の苦労を知っているがゆえの悔しさが根底にあるのではないだろうか。

炭焼き――「子どもは父ちゃんの顔がわからないで育った」（菅野榮子さん、菅野芳子さん）

飯舘村は、7、8割が山林で占められている。昔は冷害が多く、稲作も出来が悪かったので、木炭の製造が主な仕事となっていた。飯舘村の山林は雑木林が多く、炭焼きに適していた。また養蚕業が盛んだったため、暖房用の木炭の需要が高く、炭焼きが盛んにおこなわれてきた。山仕事は厳しい仕事だったが、炭焼きで現金収入を得たのは大きかった。

しかし昭和20年代末頃から炭の生産量は急減した。これは燃料が炭から石油、ガス、電気に変わり、木炭の需要が減少したからだ。また昭和30年代、東京オリンピックの建設ラッシュが始まり、建築・土木の人手がいり、冬は出稼ぎする人が増えていった。

こうしたことから炭焼きをする人たちは減り、どこにでも見られた炭焼きの光景もほとんど見られなくなった。

佐須地区に住む菅野永徳さんは、昭和15年（1940年）生まれの菅野榮子さんと同じ佐須地区出身で、ご近所さんだ。原発事故後、避難先も妻の和子さんと一緒に榮子さんと同じ伊達東仮設住宅で暮らしていた。永徳さんは昭和35年から3年間、炭焼きをしていた。炭焼きが低調になり、関東圏に出稼ぎに行った。2年間働き、帰って来てからはまた山仕事に戻り、しいたけの栽培をしたという。炭を焼く仕事は自分で釜を作るので大変だったが、石窯は誰かが作っていたところには石があったりして、それを探せば作れるときもあったという。

２０１9年12月、私が炭焼きの話を聞きたいというと、榮子さんと芳子さんは佐須で炭焼きの石窯と土窯が残っているところに連れて行ってくれた。家から20分ぐらい歩いて、道から少し中に入った所に石窯があった。すでに壊れていたが、榮子さんは説明をしてくれた。

「石窯ってこういうふうに作るんだよ。石ばっかり積んでいくの。だから石が焼けるから、火を焚いて手伝わなくたって、山から切った生木が燃えるわけ。ここの口開けておいて、一晩中のうちに燃えきるぐらいの加減にしていって、朝早く来て前日の入れてったやつを出して。それまでにちゃんと今日入れる木、準備しておかねばなんねえから。熱いうち、石カンカン焼けているうち、入れねばなんねえから、石窯は。ここはみな石で覆われてんだよ」

「小宮は石窯はないべした。佐須や大倉は岩山あっべした。だから佐須だの大倉は石窯なの。石窯は毎日出すの。炭が50俵も60俵も出るような釜は作らなかったの。人は外にいて作業するんだな。建てるのもこのくらいの大きさで、このくらいの長さで」

「よっちゃんの親戚の節ちゃんは石窯焼きをしていた。女の炭焼きって見たことないって言ってた。知り合いの阿部のばあちゃんだよ。阿部のばあちゃんも、戦争さ父ちゃんが行ってたときに石窯焼

佐須の近所に残っていた石釜の跡

炭焼きの話をしたあと、ふたりは石釜や土釜の跡をみせてくれた

きしたんだよ」

「石窯焼いているところの子どもは父ちゃんの顔が分からないで育った。夜、暗いうちに出掛けて、夜暗くなってから帰ってくるのに、子どもは明るくなったら起きて、暗くなったら寝るから。だから自分の父ちゃんの顔分かんねえで育ったって。佐須と大倉の人たちは」

榮子さんたちはさらに歩き続けて、土窯を見つけた。

「残ってた。土窯、土窯」と芳子さん。

「土窯の残骸だこれ。ここ焚口だ。ここのとこ、ドア掘って、木を入れるところ。うちでもこの釜借りて炭焼いたんだ。自家用の木炭を焼いて、こたつさ炭火であたってた」と榮子さん。

さらに歩き続け、ついに形がそのまま残っている土窯を見つけた。かつて萱野永徳さんが使っていた釜だった。しいたけ用の炭を焼いていた。永徳さんによると土窯で焼くのは黒炭で、石窯で焼くのは白炭だという。黒炭は火がつきやすく、こたつなどに使うし、料理では煮物などに使う。また白炭は火が長持ちし、料理屋では焼き鳥などに使うという。

「ほらほら。木立ててある姿ある。これ。こうやって釜作ったんでよ。木をこういうふうに立てているんだよ」と榮子さんが言うと、

「これはちゃんとしている」と芳子さんが中をのぞく。

「私らは石と土さえあれば、木炭にしてできたんだ。米と味噌さえあれば生きれるって。あとは山から緑《あお》ものを採って来て味噌汁にしようが、キノコ採って来て味噌汁にしようが。米と味噌さえあ

3・11の地震で壊れたが、まだ形が残っている。説明する榮子さん

ればは生きれるっていうのはいいな。こういう生活を大事にしないと、原発が爆発してひどい思いをしなんねえんだ。米とみそさえあれば生きれると思って生きてきたばあちゃんが人の知らない苦労しなんねえんだ」と榮子さんは話し続ける。

「自然の中で生きるのが原点だ。土地にかっちりと根をはって、個々の土地をどうすっか、こうやって生きてちゃんと子孫を残していくのが、人間の道だべ。先祖代々、何十代もこの山に依存しながら、米と味噌さえあれば生きれる教育をしてきたんだから。お金もねくたって、生きてきて、みんな代々子孫つないできたんだ。なあ。よっちゃん」と榮子さん節がさく裂した。

第4章

べこやの母ちゃんたち
——それぞれの選択

45年間、牛とともにやってきた。牛の仕事は生きがいだった

中島信子さん「今までやってきたこと、何にもならなかった」

牛を出す日

飯舘村の産業は農業、畜産業が主である。冷害に強い農業として、米にくわえ、畜産、葉たばこ、高原野菜などの多角経営をやってきた。

原発事故当時、牛を飼っている農家は約300軒あり、約3000頭の牛がいた。牛を飼う農家は3種類あり、肉用牛（和牛）の母牛を飼って子どもを産ませ、その子牛を売る繁殖農家と、子牛を買って肉用牛として出荷できるところまで育てる肥育農家、そして母牛の乳を搾って出荷する酪農家だ。私が追いかけた農家の中島信子さんと原田公子さんは繁殖と酪農の両方をやり、長谷川花子さんは酪農専業だった。

飯舘村の比曽《ひそ》地区に住む中島信子さんの家に初めて行ったのは、原発事故から2カ月後の2011年5月始めだった。私が訪ねて行った日は、おりしも酪農家が自分たちの乳牛を手放し、屠畜に出さなければならない最初の日だった。

牛が次々とトラックに運ばれていく横で、じっと見守っていた女性がいた。その女性は初対面の私たちに向かって、一生懸命、涙を浮かべながら、訴えるように話し始めた。

「まだまだ働ける牛だよね。この牛に話しかけたい。話したらなんていうと思う？この牛。誰のせいなのよ。何のせいなのよ。悔しくてたまらない。まだまだ働ける牛なの。この牛も悔しかったと思うよ。ものにしてもらえなかったんだもの。どうしようもないよね。働く力も発揮できないんだもの。飼主以上に悔しいと思うよ。だから何か言ってって。今朝は一生懸命洗ってあげた。こんな思いしたことない、今まで。いい牛でしょ。でも餌を抑えていたから痩せてしまったけど。あんなに痩せていても乳は出したんだよ。餌は半分以上も減らしているの。どこかに行って働けるんだったらいいけど、でもだめなんだもの。全く、殺してしまうんだもの。

なんて言っていいかわからない。いっぱい苦情を述べてもらいたい。牛に申し訳ない。本当に申し訳ない。今朝は最後の乳しぼりだよって言ってしぼってあげた。牛は何にも言わなかった。手も足も半分から裂かれるような気持ち。お前たちの運命だよとは言いたくない。何にも知らないで乗って行くんだわ。ご苦労様。お疲れ様。その言葉以外には何にもない。

親の代からやってきた酪農だった。まだまだ続けてやりたかった。命の続く限り、体が続く限りやりたかった。こんな状況になっても牛が嫌だと思ったことはない。一日も。今日の今の今までも」

私は彼女の言葉を受け止めきれず、圧倒されて体が硬くなっていた。横では信子さんの夫、明大《あきら》さんが嫌がる牛を手綱で導きながらトラックまで運んでいた。牛を運ぶ業者の人が気を使って、出

発を遅らせる。しばらくして信子さんは
「いいです。見ているとつらくなるから」
とあきらめたように言った。

放射能が降った飯舘村

3月11日に東日本大震災が発生し、翌日12日に第一原発1号機が水素爆発。飯舘村は原発から30キロ圏外のために避難する人は少なかった。村では停電になり、電話も通じない状態で、正確な情報も手に入れられなかった。飯舘村の人たちは津波の被災者を受け入れ、避難所を開設したり、炊き出しをしたりしていた。

3月14日、第一原発3号機が水素爆発し、翌15日には4号機で水素爆発が起こった。上空で雲のような塊となった放射性物質は、風に運ばれ、飯舘村の上空に達し、雨や雪となり、地上に降り注いだ。県が村役場に設置した線量計の数値は44・7マイクロシーベルトを記録した。この数値はどれぐらい高いのだろうか。3月28日と29日にかけて京都大学原子炉実験所助教の今中哲二先生が飯舘村で放射線量を測定して、「実験用原子炉施設でも、毎時20マイクロシーベルトを超える区域は研究者でもみだりには立入れないが、(もっと高いところに)村民たちが普通に暮らしていることにびっくりした」と話したそうだが、それほど高い数値を記録していたのだ。

飯舘村の飲料水からも牛乳からも高濃度の放射性物質が検出された。しかし村は原発から30キロ圏外のために避難指示も屋内退避指示も出なかった。

村民たちは次第に危ないことに気がつき始め、一部は避難したものの、ほとんどの村民はまだ残っていた。避難した人の中にも避難先になじめず、1週間ぐらいで帰ってくる人たちも多かった。そのときはまだ村民に正式に放射線の数値が高いとは知らされていなかった。

子どもたちはまだ外で遊び、洗濯物も外に出してあるところもあった。当時長崎大学の山下俊一教授ほか数人の大学教授がやってきて、放射能は安全だとまくしたてたという。

しかし国は4月22日、飯舘村は「計画的避難区域」に指定すると発表した。20キロ圏の外側であっても、事故発生から1年間住み続けた場合、積算放射線量が20ミリシーベルトを超える恐れがある地域のことを「計画的避難区域」と定め、避難を求めるということだった。村の様子は毎日のようにニュースになり、全国的に知られるようになった。村民たちは1カ月あまりで村を出なければならなくなった。

最後の一頭まで手放すことに

多くの乳牛を抱える酪農家たちは、事故以来、「計画的避難区域」の指定によって、出荷停止になっていた牛乳に加え、乳牛は牛舎からの移動禁止、牧草を食べさせるのも禁止された。原乳から高濃度の放射性ヨウ素が検出されたため、牛には村外への移動制限がかけられたのだ。牧草も当然汚染されているとのことで、外にある牧草を食べさせるのも禁止された。

4月30日、酪農家11軒が集まって、話し合いを持った。「ミルクも出荷できず、牛にえさを与えることもできなければ酪農をやっていけない」「廃業や休止をしないでやる方法はないのか」など、直面している問題について話に話を重ねたが、結局、いったん休業せざるを得なくなった。苦渋の決断だった。そしてまだミルクの出る牛たちも他の牧場へ移すこともできず、屠畜されることになった。牛を移動させることを禁止されていた時点では、ほかの選択肢はなかった。そして約70頭が屠畜された。

しかし長谷川健一さんは、「どうしても牛を避難させたい。牛乳を放射能測定して2回はクリアした。3回目はさらに下がるはずだから、もう牛は殺さない。国会に訴えたいのでその機会を作って下さい」と視察に来た国会議員やジャーナリストに相談し、機会を設けてもらった。5月20日、参議院議員会館でたくさんの議員たちに酪農家の田中一正さんと一緒に現状を訴えた。そして5月25日、原乳の測定値が不検出になった知らせと、移動制限を解除するという通知が届いた。これで残った乳牛210頭は、飯舘村から避難させることができた。

6月7日、8頭の乳牛を手放した信子さんを私が訪ねたときは、子どもたちはすでに独立して別れて暮らし、夫の明大さん、そして信子さんのお母さんの3人で飯舘村の自宅で暮らしていた。信子さんは明大さんといっしょに45年間、牛の仕事をやってきたが、乳牛は毎日、乳しぼりがあり、労力がかさむ。年齢とともに仕事がきつくなってきて、次第に和牛の繁殖に変えてきた。しかしその和牛も6月末までにはすべて手放さなければならない。

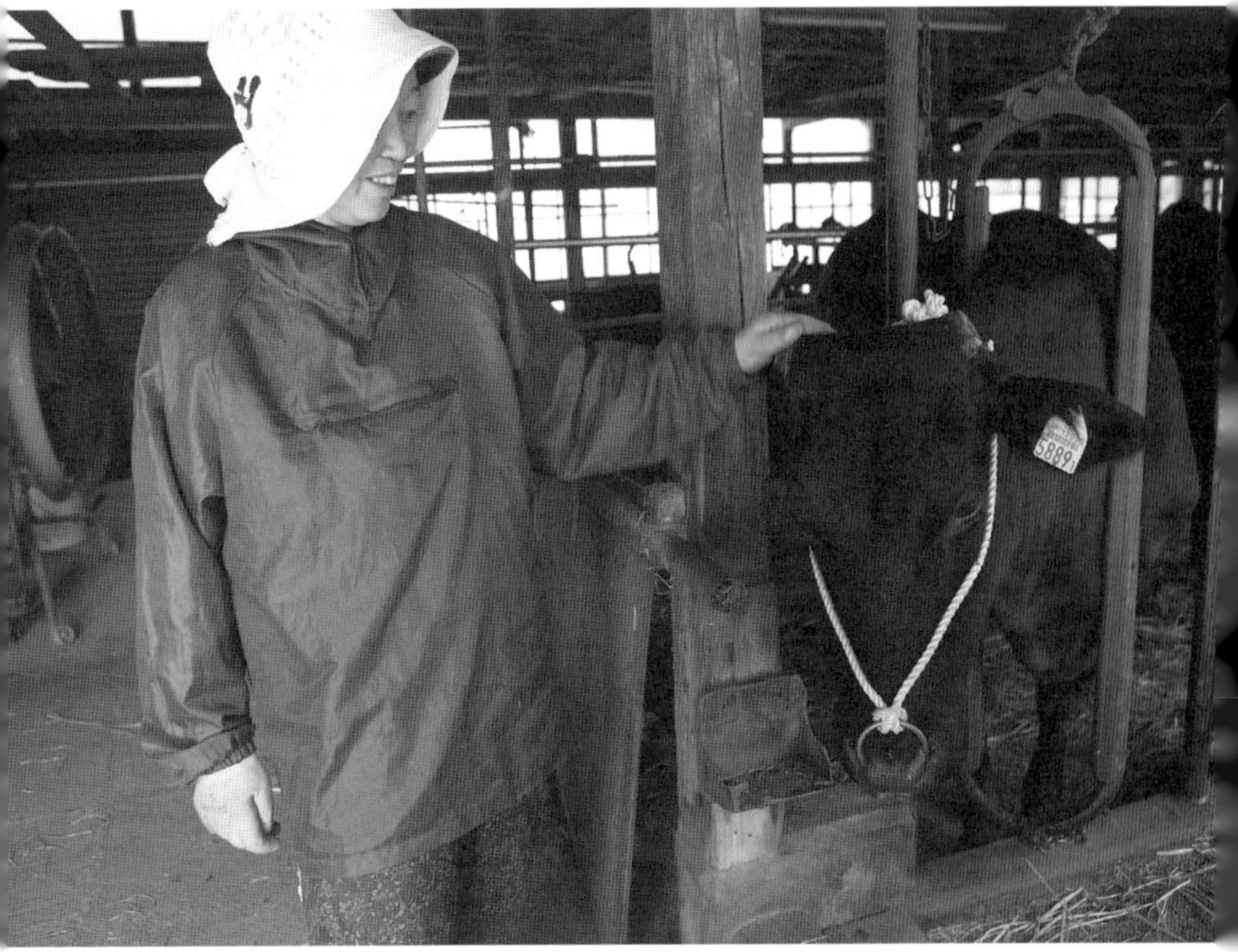

牛も悲しいときは涙を流すのよと話す信子さん

「事故さえなかったら、こんなことにはならなかった。そう思うとたまらない。こんなはずではなかった。今までやってきたこと、何にもならなかった。夢も希望もないってこのことよ。夜もろくろく寝ないで働いてきた。でも何にもならなかった」

と信子さんは話してくれた。

6月11日、東京に帰っていた私に、めったに電話をして来ない信子さんのほうから電話があった。

「今日、最後の牛が出て行ったよ。まるで手足をもがれたようだ」

信子さんの悔しそうに涙を浮かべている顔が浮かんだ。私はどうしてこういうときに信子さんと一緒にいなかったのかと悔やんだ。最後に中島家から出された牛は、信子さんがかわいがっていた「ハナコ」という親牛だった。

私がお彼岸やお盆に信子さんの家に顔を出すと、信子さんの長女、静子さんとよく会った。静子さんは、飯舘村の隣町の川俣町で暮らしている。高校を出るまでは、飯舘村の自宅にいた。勤めに出ても忙しい時は原発事故前までは家の仕事を手伝いに来たという。静子さんは母親のことを語る。

「だって体張ってやっていたもん。ずうっと、何十年も。自分のことは本当に最後。どうでもいいっていうくらいに極端に。そういう人だったから、牛をどれほど大事にしてきたものだったかわからない。それはわかるものね、やっぱり小さい時から見てきたから。……殺処分されたからね、最初に出した牛は。蹴とばされても何しても可愛がっていた。怪我してもね。搾乳しているとき、母の足は牛に踏まれてばっくり切れたの。血だらけになっても、最後まで搾乳して、（その後で）自分で病院に行ったんですよ」

「私だって少なからず手伝いをしてきたから、小さい時から手伝っていたから、やっぱり情がある。牛を出すときは悲しかった。あの時、初めてうちのお母さん、ため息をついたの。絶対に聞いたことないのに。よっぽどがっかりしたんだろうなって」

そう話す静子さんの目に涙が光っていた。

中島家の歴史

2011年6月終わり、私は、再び信子さんを訪ねた。まだ数個残った餌の干し草のロールを明大さんは片付けていた。明大さんは遠く田畑を見つめながら言った。

「牛とともに消えていくというか、……ここから発たなきゃなんない。まあ残念な思いだな」

「言葉には出ないな」と信子さん。

「この辺は人間が住めないような、山の中だった。終戦後、開拓っていうのがあって、（人々は）戦争に追われて、農業も捨てて、そして戦争で戦って、（日本に）帰ってみれば食糧がなくて、働く場所もないっていうときに、開拓して入った土地なの。ここでやっていくには困難な場所だということで、最初に入植した人は捨てていったところなの。そこにじいちゃん（信子さんの父親）が終戦後帰ってきて、入植するところなくて、買い受けて、開拓してきたんだ」

と明大さんは話した。信子さんは涙声で語った。

「だからうちの息子が言ったよ。『おじいちゃんにはすまないな』って。だけどうちらが働かないとかでなく、原発事故のためだから、じいちゃんだってわかってくれるわって言った」

時代をさかのぼること80年、信子さんの父親の時代を振り返ってみると、1931年の満州事変から1945年の太平洋戦争敗戦までの間に国策により、日本人は中国の東北部の満州、蒙古、華北に入植した。満蒙開拓団と呼ばれる。総数は27万とも、32万ともいわれれる。多くの人たちは荒れ地を開拓していたが、終戦を前にして異変が起こった。戦局の悪くなった日本軍はそれまで支配していた満州から一斉に姿を消した。男たちは軍隊に取られていたので、そこに残されたのは、満蒙開拓団として暮らしていた女性や子どもたちだった。終戦直前に侵攻してきたソ連軍と地元住民の攻撃を受けた開拓民たちは日本軍に庇護されることもなく、悲惨な逃避行のあげく、亡くなったのは、およそ8万人とされている。各地の開拓民たちは引き揚げの途中で多くの死者、行方不明者、収容所での感染症による病死者を出した。集団自決をした家族もたくさんいる。男性入植者たちは国境を越えてきたソ連兵に捕らえられ、シベリアへ送られた。

信子さんは、母親タケヨさんから満州から帰って来た時のことを聞かされていた。両親は満州にわたり、満蒙開拓団に参加した。1945（昭和20）年に戦争が終わると、父親、留良《とめよし》さん、（1914年＝大正3年生まれ）はシベリアに抑留され、タケヨさん（1915年＝大正4年生まれ）は昭和21年に信子さんの姉たちにあたる長女洋子さん（当時6歳）と次女光子さん（当時4歳）を連れて日本に帰ってきた。タケヨさんは帰る前に、所持してきたお金を姉たちのセーラー服の襟のところに

信子さんの両親、留良さんとタケヨさん。満州にて（中島家提供）

縫い込んで隠し、自分は髪の毛を丸めているところに入れていた。しかしそれは兵隊に見つかり、みんな取られたという。ご飯だけはおにぎりにして何日分かはもってきたけど、いつまでも置けないから、煎り米にして持ってきたが、かたすぎて子どもたちは食べることができなかった。船の中では息絶える人も多く、子どもでも大人でも男女を問わず誰でも死んだ人は海に投げられた。けれど海に投げられた人はまるで「置いていかないで」というようにどこまでも船についてきたという。

3人は無事に日本に帰ってくることができ、舞鶴港から汽車に乗って、福島まで帰ってきた。3人が帰ってきた実家には、タケヨさんの父親、母親のツメノさん、母親の姪っ子の恭子さん（85歳）の家族がいた。恭子さんは信子さんの両親が日本に帰ってきた当時のことを知る唯一の人だ。

恭子さん「顔、見られない、本当に顔なんか見られないほど、母親と子どもたちはかわいそうな顔だった。原町の駅から降りて高ノ倉に来るまで、3人は歩いてきた。上の娘の洋子は、母親が光子をおんぶしているのを見て、『みっちゃんみたいにおんぶしてほしいな、おんぶしてほしいな』って言った。『みっちゃんおんぶしてんだもの、おぶれっか』って、その時タケヨさんは答えたが、後に『あのとき、ちょっとでもおぶってやればよかった』と語っていた」

信子さん「だってご飯もろくに食べてないんだもの。栄養失調もあった。肺炎もおきた。『だからどうにもならなかったと言った。今なら助けられたんだべなあ』ってばあちゃんは言っていたよ」

恭子さん「かわいそうだった。洋子は一晩中、『お水ちょうだい、お水ちょうだい』と言っていたって」

長女の洋子さんは翌日に、次女の光子さんは1週間後に亡くなった。いずれも麻疹《はしか》と肺炎を引き起こしていた。起こしていた。周りの人たちはせっかく帰ってこれたのにと悲しんだが、タケヨさんは「皆はな、海さ投げてくるんだぞ。投げてこないで、ここまで連れて来たんだから幸せだ」と話したという。

飯舘村の『飯舘村従軍史』には中島留良さんのシベリア抑留生活の一端が記されている。やや不明な点もあるが、そのまま引用する。

「中島留良、昭和二十年五月九日臨時招集により満州第一三一三六部隊に臨時応招。同地付近の警備に従事、八月八日ソ連軍の侵入に寡兵をもって応戦につとめたが、一八日停戦となり、ソ連兵の武装解除を受け、二十三年六月復員する。

抑留生活、その粗食と酷使はこの日より始まる。貨車運送の十日間は、表から鍵がかけられ、食事も用便も全てその中。食事は精白されない粟《あわ》とコーリャンの粥ひとすすりだけ。ウラジオストック、ムーリン地区収容所での労働は鉄路作業と立木の伐採。冬は零下五十度を超え、寒さと飢餓との戦い、銃口を突き付けられての重労働、毎日何人かが凍傷に罹《かか》る。春がきて蛇が出れば、それを取って生で喰い空腹をしのいだこともあった。厳しい共産主義教育を受けた。判《わか》った

信子さんの姉たち、洋子さんと光子さん。満州にて（中島家提供）

水遊びをする孫を見守る両親と信子さん（中島家提供）

ふりをしないと帰国できないのであった。二十三年六月奴隷生活に別れを告げる日が来た。ナホトカ港で帰還船の日の丸を仰いだ時は感無量ではじめて母国へ生還の喜びを味わった。然《しか》し出征時の同僚三十数人のうち生還できたのは、山形の戦友と二人だけ。考えてみると現在の生活は勿体ない程幸福でいっぱいである。復員後の入植の一鍬にも希望に燃えた。陣地から飛び出せば朱に染まって倒れる、砲列の前に泣き喚《わめ》きながらの突撃は、誰にもさせたくないものである」復員後は、入植により農業を営む。

（『飯舘村従軍史』より。ルビは引用者）

子どもたちの死後タケヨさんは実家に間借りし、炭焼きの山仕事をしながら夫の帰りを待った。１９４８（昭和23）年、中島留良さんは日本に帰ってきた。シベリア抑留となったまま、家族と別れ、妻や子どもがどこにいるかわからなかったので、最初に飯舘村の実家に帰ったが、そこにはタケヨさんはいなかった。原町にいることがわかり、やっと再会できた。どんなに嬉しかったことか。しかし同時に留良さんは自分の子どもたちが亡くなったことも知る。

信子さん「あるときじいちゃんは夢の話をしてくれたという。捕虜になっているとき、知らせがあったんだって。こう言っていたけど、二人の子どもに両手にぶら下がられたって。二人の子どもはミイラになったような恰好で、本当に痩せていたって。今思えば、そのころ亡くなっていたのかなって、じいちゃん、言ったことあったな。だから自然と親のもとに行ったのかなって」

その後は留良さん、タケヨさんは、南相馬で二人で山仕事をしたという。

恭子さん「山仕事して一生懸命だったぞ。働きがちっとばかりの働きじゃなかった。炭を焼いたのだって、みんな一窯だな。それを二つも三つも窯出ししたって。火も消えないうちから出したって。泊まり込んで働いたんだものね」

留良さん夫妻は10年ぐらい、実家近くの山で炭焼きをし、三女（信子さん）、四女（高子さん）を産み育てた。

信子さんによると、昭和33年3月、信子さんが10歳になったころ、家族は飯舘村に開墾を始めた。終戦後、日本では満州など戦争から帰ってきた人たちに職がなく、国策として満州帰りの人たちや家族で次男などには開拓が奨励されていた。飯舘村の3分の1の農家は開拓されたものだという。

信子さんの父親は他の人があきらめたところに開拓を始めた。土地は石や岩が多く、田畑には向いていなかったのだ。しかし両親は鍬一つで開拓を始めた。のちに信子さんの夫、明大さんは重機を使い、石を取りのぞき、畑として使えるようにした。

信子さんの家は4町歩（4ヘクタール）の田畑があった。田んぼでは米を作り、畑にはあらゆる野菜を作り、乳牛8頭、和牛15頭を飼って大きくやっていた。

避難、そして母親の死

2011年6月末、信子さんたちの入る仮設住宅が決まり、引っ越すことになった。仮設は飯舘村から車で2時間ほどのところにある、相馬市の工業団地に隣接していた。引越しの前夜、信子さんは不安な表情を見せて言った。

「明日の今頃は仮設だな。眠れないな、きっと。避難生活なんて考えてこともない」

引越しの朝、信子さんは早起きをして、赤飯を炊いていた。早く帰ってこれるようにと、炊いた赤飯を神棚、仏前にお供えをした。信子さんの家の横には牛頭観世音像がある。病気で亡くなった牛などを供養するために建てられたものだった。

「今まで守ってもらったからな。ご苦労様でした。守ってもらってありがとうございました。これまでよくしてもらったもんな。でも原発事故からだけは守れなかったんだ」

と夫婦で手を合わせ、信子さんは夫と母親と長女とともに相馬の仮設住宅に向かった。

飯舘村から避難するとき、家からはなれたくないと頑張った信子さんの母親タケヨさん

仮設住宅に避難してひと月あまりのお盆さなかのことだった。信子さんの母親タケヨさんは病に倒れ、入院した。10月半ば過ぎ、私が信子さんを相馬の仮設住宅に訪ねると、入院中のタケヨさんが具合が悪いと信子さんは言った。

「レントゲンの結果も血液の結果もどこも悪くないの。でも自分で起きたり、寝たりすることができないの。体が痛いって。やっぱり全く環境が変わったからね」

それから10日後の10月28日、タケヨさんは病院で息を引き取った。心不全だったという。92歳だった。

信子さんによれば、28日の早朝、タケヨさんが危篤という知らせが病院から入った。信子さんが急いで駆け付けた時にはもう間に合わなかった。

「飯舘村にいたらこんなことにはならなかった。もうちょっと生きたよね。家に帰りたいと何度も言った。その日もおれのこと置いていくなって言われるのが悲しくて黙って病院を出たの。そしたらだめだったの」

避難するとき最後まで「飯舘村を離れない。おれ一人でも残る」と言ったタケヨさんに、信子さんはせめて村を見せてあげようと飯舘村に行き、枕経を唱えてもらった。

居住制限区域になる

2012年7月、国が飯舘村の避難区域見直しをし、年間の被ばく線量の合計（積算線量）によって3つに再編した。50ミリシーベルト以上の区域を帰還困難区域、20〜50ミリシーベルトの区域を居住制限区域、20ミリシーベルト以下の区域を避難指示解除準備区域だ。飯舘村の南部に位置する長泥《ながどろ》地区は線量が一番高く、村で唯一、帰還困難区域となった。

二枚橋・須萱《すがや》地区、佐須地区、大倉地区、八木沢・芦原地区は避難解除準備区域になり、それ以外は居住制限区域となった。避難解除準備区域と居住制限区域は今まで通り、村の行き来はできるが、帰還困難区域はゲートが閉められ、長泥地区の住民以外は出入りが出来なくなった。

信子さんの住む比曽地区は長泥地区に隣接している。比曽の中でも3軒が飛びぬけて線量が高く、信子さんの家はその一つだった。

4月20日は避難指示区域が発表されて初めての村の会議だった。信子さんは帰還困難区域になるのか、それとも居住制限区域になるのか、不安だった。帰還困難区域になれば、家に帰ることが難しくなる。居住制限区域になれば今まで通り、飯舘村の家には通うことはできる。しかしながら居住制限区域になれば、他の家との線量の高さの違いがありすぎる。会議で村長は「高いところが何軒かある。村としては今まで行政区として仲良くやってきた。何軒かだけ別にすることはできない」と言い、結局、信子さんの家は居住制限区域になった。

「居住制限区域になってよかったと思う。線量が高い区域であると思うけど、帰って来れないのは嫌です。やっぱり家もいたましい（惜しい）。土地もいたましい。今のところ（仮設住宅）では死にたくない。どんなことあっても死にそうになったら飯舘村に帰る」

信子さんの帰りたいという意志は強かった。

2014年から本格的に除染が始まった。中島さんの家は比曽では最初のほうだった。除染が始まって間もなくの頃、明大さんと信子さんは憤懣やるかたない表情で話してくれた。

「結婚したときに300本を植えた杉の木の根元を、除染の作業員が傷つけてしまった」

日頃おとなしい明大さんは怒って、「これも」「これも」と傷ついた杉の木の根元を指し示す。除染作業員の人たちが落ち葉を拾うために重機を入れたため、多数の杉の木が傷ついたのだ。

私は以前、明大さんが居久根《いぐね》の木について語っていたことを思い出した。飯舘村にはどこの家でも家の周りを居久根の木が覆うようにして立っている。居久根の木を植えるのは、風や砂から家を守るためと、何十年かたって家を新築するときに使うためという目的がある。中島家でも結婚した記念に植えた木のほかに息子さんが生まれた時に植えた木があった。そのときから30年以上たち、木は大きく成長している。それほど飯舘村の人々は居久根の木を大切に育ててきたのだ。木は少しでも傷つけれたら、そこから腐っていくという。そういう事情を聞いて、明大さんの怒りがわかった。

信子さんはその日、川俣のバス停留所まで送ってくれた。車の中で、信子さんは言った。

「今のところは家に帰りたいとだけ思っている。帰っていいと言われたらすぐにも帰りたい。家に行くと誰もいないところでもやっぱり家はいいな。落ち着くもの。いつまでいてもあきないもの。今だったら帰りたい」

除染が行われるところは、家の周辺（家の中はやってもらえない）、田畑、そして山林は家から20メートルのところまでだ。山林の除染の仕方は木々の枝を取ったり、落ち葉を拾ったりする。田畑は表面から5センチの土がはぎ取られ、そこに新しい土（覆土）を持ってくる。

ある日、明大さんがこれを見てくれと言って見せてくれたのは、その新しい土が敷かれた畑から出てきた大きな石ころだった。90メートル四方と高さ5センチの土地に、数十個の石ころが出てきた。

「これじゃ、（田畑として）使い物にならないな。砂と石入れて農地に使いなさいよなんて、そんな冗談じゃないよ」。明大さんの怒りは止まらない。

その後、大学の先生や研究者で中島家の線量の調査をしてくれることになり、２０１６年の春から秋にかけて数回、調査が始まった。その結果、中島さん宅は他の地域に比べて線量が非常に高く、住むためには家に囲いをするか、毎日積算線量計をつけて、測定しなければならないことを告げられた。

調査結果に驚いた信子さんの考えに、少しずつ変化が現れた。

「今になって考えが変わって来たのよ。だっていくら年を取っていてもどうしても住めないというところにはやっぱり考えるべ。そして物も何も作れなかったら本当にこの家に入っているだけだったなら何も意味ないと思わない？　そうするとやっぱり考え直さなきゃいけないのかなと今になって思うの。今までは絶対、帰ります、帰ります、それ以外はなかったんだけど、どうしても住むことは無理だなと大学の先生たちに言われれば、やっぱり考えるもんね。そして誰も隣近所いないと

「黄色のテープはった木はみな伐採するの」と信子さん。「これが結婚記念日に植えた木なんだ」という明大さん

▶除染の際、木の根元を傷つけられ、悔しい思いをした明大さん

思うと……」

新しい住まい

2017年11月末、中島夫妻は悩みぬいたあげく飯舘村で住むことは難しいと判断し、親戚が所有する南相馬市原町区に一軒家を購入し、7年間住み続けた相馬仮設住宅に別れを告げた。原町の家は新築ではないが、2階建てのきれいなところだった。隣には地元の小学校があった。信子さんは子どもたちの声が聞こえるのはいいなと話していた。

ところが2019年4月に私が訪れたら、信子さん夫妻は原町に落ち着くのかと思いきや、以前と変わりなく、飯舘村に通っていた。日中の大半は飯舘村で過ごす。夫妻は除染が中途半端で終わっていることに納得していなかった。

「『ちゃんと除染はします』と言ったのだから、ちゃんと除染してもらわなければならないし、覆土だって元のようにしてもらわなきゃならない。われわれは、戦後、村の開拓の時代に普通の農地とちがって、ここはまったく大変な土地だったという思いがあって、石とかいっぱいあったところを、石をなくして、緑の農地にして、機械化して、何とか仕事できるように、そういう形までやったのに、（原発事故で）できなくしたんだから、やっぱり仕事できる、そして人間も住めるあたりまえの住まいに戻してもらうのを望んでいる」

中島夫妻には、どうしても元の土地にしたいという思いがある。石ころや砂利が入っている覆土を取り出し、汚染されていない土を入れる作業をやり始めた。作業は2018年いっぱいかかった。

「今のままでは夢も希望も無くなってしまう。野生のそばくらい作るとか、簡単に自分に直せる自信のあるところはやってみたほうがいいと思って、機械を購入して土地の整備を始めた」

「じいさん（信子さんの父親）は終戦後、それこそ、捕虜になって、ソ連に行ってきたわけだ、そして帰ってくれば、どんな場所でも開拓して、木を伐ったり、大木の根っこが残っているのにも、粟《あわ》とか黍《きび》とか蕎麦とか、そんなのを作ったりしたって生きてきたんだ。

うちのじいさんはまた遅れてきたわけよ、一年も。そして、遅れて来て、ここに来てみれば、どこに住んだらいいか分かんねえっという感じだった。そして山仕事とかやったり、炭焚きとかをやって、何とか凌いできた。そんなにしてばかりはいられないから、土地も選んで、いろいろ苦労したのよ。

そして、ここに空いているよという話を親たちに聞かされた。入ったって石だらけで、自分たちでやるといっても、まったく、作物を作るのだって、鍬で土を起こしたりするのだって、縄をまっすぐ張れないほどの大きな石がごろごろあったのよ。そういう所で少しの麦や野菜を作ったくらいでは、とてもとても生きていくのは容易でなかった。

そして後には畜産でやっていったほうがいいんじゃないかという指導があって、地域で、開拓地には乳牛が一頭でも二頭でも搾乳すれば商品になる、米がとれないときでも牛乳を飲んだって生きていけるという感じで、開拓というのは進めてきたの。県でも、もちろん指導したはずだ。そういうことがあって、何とか生き延びてきたわけだ。そこに、時代の流れで、石も何とか取れば、農地に使えるという時代もきたから、我々も本気になってやって、進めてきたんだ。

ところが、こんなして苦労して、最後に、年取って少し楽になるころになって、後継者を出したいという、いちばん大切なときに、放射能などという問題が起きるなんて」

明大さんはそう言いながら唇をかんだ。

飯舘村での挑戦

２０１９年2月、信子さんはニコニコして庭先に干してある凍《し》み大根を見せてくれた。飯舘村は寒冷地なので冬はマイナスに気温が下がる。そういう土地にぴったりなのが、保存食だ。保存食の凍み餅、凍み豆腐、凍み大根は飯舘村の特産品だ。凍み大根は煮物に使うが、生の大根から作るのとでは、うまみがまるで違う。

しかし飯舘村で干したので、放射能の検査をしないと食べれない。まもなく検査をすると信子さんは話した。

3月の終わり、中島夫妻を原町に訪ねた。何やら元気がない。凍み大根が57ベクレルと高い数値が出て、信子さんはがっかりしていた。

信子さんと明大さんは縁側に腰掛けながら、畑の野菜のことを語った。

信「やっぱり野菜は自分で食べる分だけだな」

信子さんは久しぶりに凍み大根を作ってみた

明「人にあげても喜んでもらえないのはだめだもの」

信「人によっては喜んでもらえってくれる人もいるよ。『欲しい。欲しい。さすけねえ（大丈夫）、さすけねえ（大丈夫）』って、でも作る前から欲しいって言ってた人にあげようとしたら、他からもらうようにしたからいらないと言われた。ああ、やっぱりなと思う」

明「あと10年ぐらいは。10年たってもどれくらい下がるかわからないものな。この残っている数字がどんだけ時間かかって消えていくのかが問題なんだな」

2019年5月末近く、凍み大根がうまくいかず元気がなかった信子さんたちは、いつのまにか新しい作業に取り組んでいた。メイプルワイナリーの花卉《かき》栽培しようというのだった。苗から植えれば、次の年は自然に出てくるという。

中島夫妻は2町歩（2ヘクタール）の畑にある石を取り除く作業を一日かけてした後、苗木をカバーするビニールを土地一面に張り巡らした。明大さんがビニールに穴を開け、その穴に信子さんが苗木を植えていく。花卉は初めてだからとはいうがやはり昔取った杵柄で二人とも仕事が早い。植える作業は一日で終わった。植えた畑を見ながら、信子さんは
「この植物は寒さにでも何でも耐えられるんだ。もう植え替えすることはない。毎年、切り株になるんだって。ある程度寒さには耐えられるから飯舘村では大丈夫だって。今年中になんとかなると思う」

10月の終わり近くなって中島夫妻を訪ねると、もう収穫をしていた。10月半ばに台風が来たとき

◀ 2019年春、メイプルワイナリーの苗木を植える信子さん

は強風で飛ばされそうで、長男の賢一さんさん、長女の静子さんも手伝って、メイプルワイナリーを囲むように大きな網を張ったという。お二人は手際よく、植物を切りながら運んでいる。やはり働いている姿は生き生きしている。

飯舘村はわが故郷

信子さんは山並みを見ながら、「私は通い続けるよ。だからこんな家だってぶっ壊さないでいるの」と話し始めた。

「離れてみないとわかんないな。なんでこんなところがそんなにいいのって言われるけど、いいのよ。ここにいるときはそんなに思わなかった。故郷は離れてみないと分かんないんだと思う。飯舘ってこんないいところだと思わなかった。どんなに雪があったって、どんなに山の中だって、いいよ。やっぱり。原町は自分の家だとは思えない。違うんだな。帰ってはいくんだけど。飯舘だったら家だとすんなり思える。こんなに倒れそうな家でもな。やっぱりこっちはいいわよ。みんなが戻るんだったら戻りたい。（気持ちは）変わっていない」

中島夫妻、寝る時以外はこの飯舘村で過ごしている。ここから離れようとしない。開墾してこの土地を築いたじいちゃんたちの思いをつなげているのかもしれない。

原田公子さん「ここでやめたらなんか悔しいんだよね。負けるような気がするの、東電と国に。殺されるような……」

和牛説明会

原田公子さんは1960（昭35）年生まれの女性畜産家の一人だ。彼女と出会ったのは、和牛農家の説明会だった。

2011年5月11日、飯舘村役場の一番館で行われたのは、国（内閣府現地対策室）、県、東電の畜産農家への説明会だった。飯舘村が計画的避難区域になって畜産が続けられず、この先どうするかという話し合いだった。和牛農家の人たちは真剣な面持ちで説明を待っていた。

嫁が牛を手放せと言うと泣きながら話す年配の女性や苦労してやって来て、これからというときにどうすればいいいんだと涙ながらに語る男性もいる。その中ですっと立ち上がって一人の女性がさっそうと話し始めた。原田公子さんだった。

「あの、私は今日、この辺で、やめるかやめないか決断しようと思ってきました。東電さんは電気をつくるときは、もうオール電化オール電化と言って、金を儲けるためにオール電化をしたんでしょ

牛の種付けするのは夫、貞則さんの仕事。子牛を赤ちゃんのときから育てるのは公子さんの仕事だ

う。それが最終的には、私らは地獄になったんですよ。……私らも大型の機械を何台も持っていま
す。去年なんかも新しい機械を買いました。それで支払いもちゃんとあります。それが避難してる
間に、盗まれたらどうします？　放射能の心配、牛の心配、老後の心配までしなくちゃなんないん
ですよ。だから毎晩、眠れないんです。誰がそれを支払してくれるんですか？　支払いはきちんと
しなくちゃならないんですよ。だからそこを考えてほしい、適当に答えを出してほしくありません」
あまりの公子さんのまっとうな発言に、男たちは呆気に取られていた。男性の多い飯舘村の会議
で女性が発言することはなかなかなかった。そういった中で発言する公子さんの行動は珍しかった。
公子さんの発言に東京電力福島補償相談センターの社員は、
「機械の盗難とか支払いにつきましても、支払いにつきましては、避難の賠償の保険のほうで、そ
こは……盗難については村の方と協議しておりまして、また……提示していきたいと考えておりま
す」
と、しどろもどろの対応だった。
「私たちは、移動したときに飼料も必要なんですよ。私らは本当に何十万円もかけて、今年間に合
う分だけ藁を確保しました。でも乳牛がいるから、乳牛と和牛とで、藁を牛に食わせて、もうない
んですよ。はっきり言って。東電さんみたいに、ふかふかのふとんに寝て、それでね、現場で働い
ている人は床の上にちょっとしたものを敷いて、それで寝て作業をしている。牛も藁がなかったら
子牛なんかは下痢はするわ、命取りになりますよ」

「私の家庭ではもう100%近く、うちの旦那は牛の仕事をやめる方向でいます。でも私はそこでやっぱりやりたいという気持ち強いですよ。だけどこれからもう『今年1年で帰って来れるかもしれない』とか私はそんなふうに思っていません。だからこれは一生の問題ですよ。一生、きちんと補償して頂かないと。そこまでしっかり考えてください」

公子さんの話が終わると、会場から拍手が沸き起こった。

牛を続ける

それから数日後、公子さんが役場に話に行って、泣き出したと人づてに聞いた。あの日、どうするか決めるために来たと言っていた公子さんだ。私は追い詰められているものを感じた。

私は公子さんがどうしているか心配になり、飯樋にある自宅を訪ねた。初対面の私を公子さんは快く迎えてくれた。公子さんはお茶をもてなしながら、開口一番、

「地獄だね、地獄だよ。何の楽しみも無くなっちゃった。皆てんでんばらばらになっちゃったし、がっかりするよな」と言った。

「あのあとどうされたのですか?」と私が聞くと、公子さんはため息をついた。

「あれからやっぱりね、私はやりたい、続けたいのが本音だったんだけど、うちの人は補償金をもらって、一回やめたほうがいいんじゃないかって言うんです。で、やっぱり牛のことを考えると自分で今まで良い牛を改良してきて、小さい時から手塩にかけて真剣に育ててきて、やっと良い牛に

なってきたんだと思って。それを手放すとき、何日考えても、夜苦しんだよね。苦しくて苦しくて眠れないし。もうそれが何日も続くと、夜眠れないんだよね。耳鳴りまでしてきて、このままじゃ自分もダメになると思ったから、もういいと思ったの。こんなことで考えるのは止めって。私は牛を売らないと言ったの。もしあなたが牛売るんだったら、私はもうここにはいないって言ったの。東京に行って自分の仕事するよって言ったの」

「ここでほんとね、全部やめたらなんか悔しいんだよね。負けるような気がするの、東電と国に。殺されるような、ほんとにおめら死ねって言われてるような気がするから、だから意地でも自分の力で生きられればいいなと思って、だから続ける決心をしたんだけど」

中島村へ

6月30日、朝早くから牛の運び出しが行われていた。公子さんは相変わらずにぎやかに「ひさこちゃん、ひさこちゃん」って連れていかれる牛に呼び掛けていた。牛たちは屠畜ではなく、新天地の中島村に運ばれるという。だから皆の雰囲気も明るい。それでも出発前、

「憂鬱だよ。はっきり言って、不安と。不安が大きいな」

公子さんは大きな声を上げていた。玄関先では、飼っていた猫に向かって「ミー、ミー、バイバイ、また来るからな、お前のことおいていかないからな」と言って出て行った(このあと何回も往復する)。

8月半ば、私は公子さんたちの新天地へ向かった。福島県白河郡中島村だった。公子さんたちは、

ここで同じ飯舘村出身の山田さん一家と同じ牛舎で牛を育てていた。地主さんは牛をやめ農業だけやっていたので、使われていない牛舎を貸してくれたのだった。同じ牛舎で働く山田猛史さんは、一時は村長選挙に出馬した人で、村会議員を長らくしていた。

久しぶりに会った公子さんはこころなしかホッとした表情をしていた。私は、「こちらはどうですか」と公子さんにきいた。「中島村に来て良かったね」という公子さん。

夫の貞則さんに新天地の感想を聞くと、

「んまあ、だけども、悩んだからね。こっちに来るか、やめるかって。皆がやめていくっていうと、何か自分だけで、本当に大丈夫だべかって。つい思ったけど。でも女房がやりたいって言うし。……来て良かった気がするね」

と満足そうだった。

その後しばらくご無沙汰することになる。なんといっても中島村は飯舘村から2時間以上もかかるのだ。温泉はあるが、日帰りだけで、宿泊施設もない。車の運転をしない私には行くのがきわめてが困難なところだった。

牛の出産を待つ

２０１４年、私は公子さんに久しぶりに電話した。ご無沙汰している私に公子さんは明るい声で受け入れてくれた。

◀どんなときでも牛の顔を見るといやされるという公子さん

「牛が生まれそうなんだ」

4月は何頭かの牛がお産を控えていた。牛は人間と違って予定日が来てもなかなか産まれないことが多い。私は牛のお産はあまり見たことがなく、一度撮りたかった。

私が「いつ牛が生まれるの？　いつ生まれるの？」とばかり聞くので、皆さんは私のことを牛の出産を撮りに来た動物カメラマンと思っているようだった。

山田さん一家の人たちとも仲良くなった。山田さんの牛舎で働いているのは山田さん夫妻と80代後半の山田のおばあちゃん、そして山田家に住み込みで下働きをしているあんちゃんと呼ばれる男性がいた。

山田のおばあちゃんは大きなミルク瓶を二つ抱え、牛たちにときには押し戻されながらミルクをうまく飲ませていた。山田さんの妻の陽子さんはおばあちゃんがいつまでも元気でいられるように、一緒に手伝ってもらっていると言っていた。たしかに山田のおばあちゃんが牛にミルクをあげる姿は立派だった。

何日か通わせてもらい、滞在していたある晩、夜中にお産する可能性のある牛がいた。出産を心待ちにしていたが、時間切れで私は東京に帰らざるをえなかった。待望の子牛が生まれたのはそれから2、3日たってからだったと後から聞いた。

今夜は出産を見られるかもと思って待っている間に、私は公子さんからいろいろな話を聞いた。

公子さんの悩み

公子さんは飯舘村にいる時によく眠れないと言っていた。私はなぜなのかとたずねると切々と語ってくれた。

「たしかにこっちで牛を飼えたことはよかったけど、今度は牛をやっているときはいいのよ、アパートに帰ると力が何もわかないの。暗くなったの。夜は眠れない。ともかくいろんなことが蘇ってくるの。あのとき（原発が爆発したから）国から外に出るなとテレビで言われていて、家から出なかったの。おかげで一頭の牛の首がひっかかっていて、水を飲めなかったの。それで立てなくなって、私、それに気が付かなかったの。水飲めなくてそうなったということが。餌をだんだん食べなくなっちゃって、変だなと思ったら、そしたら水が飲めていなかったの」

「あともう一頭は原発事故のときにお産して。やっぱりエサが入って来なくて、思うように食べさせられなくて。で腰抜けになっちゃって、夜中に（母牛が）死んじゃったの」

眠れない日が続いた公子さんは、介護の資格を取り、仕事に出るようになった。そうすれば眠れるかなと思って、資格を取って働きながら牛の仕事もやった。それでも帰村の話題が出るようになり、最終的に自分たちがどこに住むかということを決めなくてはならなくなったとき、公子さんのプレッシャーは大きくなった。

「私はそういうことで悩むともう眠れないわけよ。睡眠剤だ、安定剤だとかに世話になったの。去年の暮れからか、でもこんなことしていたら自分の体壊すの、自分でわかっているから、こういうのはもうストレスから来ているのわかっているからって、それをやめて、結局この人（夫）と喧嘩してさ。この人は福島市のほうの近くにどうのこうのと言ったけど、私は離婚したって何したってあんたたちはみんな親連れて福島でもどこでも行ったらいいわって。私はこっちさアパート借りて、アパート代だけ出してもらえばここで暮らしてるから言って、……結局うちの旦那が妥協して、ここで土地を買ってっていうふうになったけれども」

最終的な居場所を決めるという時期が来たとき、夫の貞則さんは、以前から畜産をやめて福島市に帰りたい気持ちもあったようだ。しかし公子さんは、夫への思いやりの気持ちがあった。貞則さんは牛の専門家であり、たとえやめたとしても除染の仕事ぐらいしかないし、そういう仕事はしてほしくないと思っていた。

結局、原田夫妻が家を中島村に構えて、将来的に両方の両親と一緒に暮らすことで落ち着いた。公子さんたちが牛の仕事をして、働きながら、ふたりの親の面倒をみるのはさぞかし大変なことだろう。

「牛に種付けして妊娠させる受精師の資格を1月から3月まで通って取った。徐々にうちの旦那に教えてもらいながらやろうと思っている。親たちが福島の自然も何もないところに家を建てたって、絶対長生きなんてできないから、それがわかるからやっぱ自然が必要。中島村は飯舘村とあんまり変わらないでしょ。だから私はここがいいなと思ったの。親たちが亡くなるか、私が先に死ぬかわからないけど、よかったなと思ってあの世に行ってもらえば自分もいいなと」

その後、同じ中島村の牛舎の近くに土地を購入し、家を建てることになり、順調に行っていると思っていた。ひと月後、私は再び公子さんを訪ねた。

トラブル

「今、いろいろ家を建てる状況にするわけでしょ。土地を紹介してくれた業者があまりにもお金を取りにかかっちゃったから。おれに任せてくれなんて言って。人の土地までいじっちゃって大変なことになっちゃって。お金はお金で見積もりしないで適当なことやられるから。

家賃払いながら牛飼いしてるのに。皆みたいに牛を飼っていなければ、こんなことにならなくて済んだのにね。年寄りのために、出来るだけ自然のある、飯舘村に近いようなところにここを選んだんだけど。もう眠れなくて。眠れなくて。生きた心地しないね」

原発事故被災者の補償金を狙ったのだろうか、公子さんはもう少しで詐欺まがいの業者にだまされそうになり、一時はどうなるかと思うほど、落ち込んでいた。私は話を聞く以外にすべがなかった。

「いいことない。原発の放射能で参っているのに、こういうことで、二重にも三重にもさ。まったく大変だよ。年寄りの前に自分が倒れそうだわ」

「ともかく眠れないのよ。眠ろうと思ったら余計眠れなくてね。眠れない毎日。でなくても避難してからろくに眠れないのに。この眠れないのが一番困んな。それが結局、鬱になるんだな。無気力になる。牛がかわいい。牛で救われてっから、やんなくちゃってやるけど、これで牛いなかったら

公子さんは朝から晩までよく働く。
牛の仕事が生きがいだ

本当に植物人間みたいにボーッとしているようだね」

いつもは精力的な公子さんも寝不足でつらそうだった。

しばらくして公子さんを訪ねると、問題が解決したのか、顔が明るくなっていた。

「この間のね、なんとかまとめました。すーごい問題だったんだよ。眠れなくて、ひどい思いしたな。でも司法書士さんがいろいろ面倒見てくれて、アドバイスしてくれたの。あと別のアパートの不動産屋にもいろいろ助言受けたのね。『あの業者には気をつけろって。問題起こしてばかりいるから』って。最初は本当にこんなことして建ったって全然嬉しくないと思ったの。ようやくそれのわだかまりがとれたから。少しずつ喜びが出てきたっていうの？ 早く出来て、やっぱみんな一緒にね、暮らせればということなんです」

やっと家の建て方が決まって、出来上がるのは9月か10月だという。それまでは中島村のアパートに原田さん夫婦と、貞則さんの両親と、公子さんの両親がそれぞれ暮らしている。家をたてて、みんなで一緒に住むつもりだ。

両親は開拓者

２０１７年、公子さんたちと一緒の牛舎で牛を飼っていた山田さん一家が福島市飯野町に移転していった。山田さんたちがいなくなって、牛舎も寂しそうだった。公子さんは新居に連れて行ってくれた。家は貞則さんのご両親、公子さんのご両親、原田夫妻と3所帯が同居していた。猫の部屋もある。

公子さんは部屋に飾ってあった一枚の絵を見せてくれた。

家の背景に山があり、家の周りは居久根の木々で囲まれ、家は藁ぶき屋根だ。まるで飯舘村の風景だった。そこには一頭の牛の手綱を引きながら、家路につく女性の姿が描かれていた。

「これ、私みたいでしょ？　この絵が好きなんだよね」と公子さんは言った。公子さんは飯舘村はもういやだとよく言うけれど、それは放射能があるからであって、心の中では飯舘村のことを決して忘れていない。だからこそ、飯舘村に環境が似ている中島村を選んだのだ。

２０１７年10月、新しく借りた牛舎は以前より大きく、使いやすそうだった。周りは田んぼに囲まれた静かなところだった。田んぼには大きく成長した稲穂が頭を垂れていた。

この日私は公子さんのご両親に会うことにした。母親は昨年、転倒して1か月入院し、杖を突いて歩いているそうだが、公子さんが車いすを買ってくれたそうだ。

公子さんの父親文男さんは南相馬市出身。１９４５（昭20）年に終戦後の国策により、飯舘村の八木沢の土地を開拓し、入植する。母親ミヤコさんは飯舘村関沢生まれだ。

１９４８年に二人は出会い、結婚。父親が24歳、母親が22歳のときだ。

結婚後、１９９０年まで炭を焼いたり、薪を束ねて売ったりしてきた。その後、集落の住民で助け合って作業をして畑を起こし、野菜作りをした。

「最初共同作業でみんなで、一番最初はキャベツを作ってた。みんなで万能で掘って、畑を作ったの。

公子さんのご両親。避難後、公子さんたちと一緒に暮らしている

共同作業っていうのか、やって。キャベツ植えて、キャベツ成功したんだ。いっぱい作って。それを売り出したり、だんだん自分たちで食べられねーから、多いから。それで動物な、馬にやったの」

公子さんについてご両親は話してくれた。

「公子は小学校5年生から乳しぼりを手伝った。足にバケツを挟んでやっていた。動物好きで親を手伝うのが大好きな子だった。朝の4時ごろ起きて、公子と姉が棒さミルク缶を通して、担いで学校さ行った。20キロを二人で背負って学校さ行った。公子は親思いで、兄姉思いでやってんだ。頑張って」と母。

「まあ頑張り屋だな。始まったら一生懸命やる。兄さもハッパかけられている。『男だもの、まだ頑張んねかなんねえんだ』って」と父。

母「やっぱり親がやっていたから、そのお手伝いをして習ったわけよね。ほでやってんのね。人に使われるより、自分でやったほうがいいっていうあれでやってんの」

父「半端では止めたくない。やったらとことんまでやる。なんでも。どっちも夫婦して一生懸命。資格も持っているしな。人に使われることない、自分で勉強しながらやってんだ」

原発事故についてご両親は語った。

母「びっくりしたわね。びっくりしたった」

父「草も何にも牛に食べさせることできないし、相当な毒なんだと思った。いることもできねえんではな」

母「骨折ってやってきたのにな、またよそさ行って避難しなんねえなんてな。こういうふうになったので、残念だということ、胸にいっぱいありますよ」

子牛の誕生

２０１９年７月、中島村に向かっているとき、もうすぐ子牛が産まれるかもしれないよと公子さんから連絡があった。雨がしとしと降る日で、親牛は地面に座っていた。お産の気配があまり感じられなかったが、貞則さんはジーッと牛のほうを見つめていた。そして出産の道具を持って、やおら動き出した。お母さん牛も力み始め、公子さんも赤ん坊牛を引っ張る道具の用意をする。赤ん坊牛の足が見えてくると、貞則さんは足にチェーンを括り付ける。「よいしょ。よいしょ」と公子さんが掛け声をかけながら、貞則さんは前で、公子さんは後ろでひもを精一杯引き始める。お母さん牛の唸る声と赤ん坊牛の唸る声が重なる。赤ん坊牛の頭が見え始めた。どうやら引っかかっているらしい。

「頑張れ、頑張れ」と公子さんの声が響く。見ている私も思わず、力が入ってくる。「頑張れよ、頑張れよ」と公子さんも必死に叫ぶ。その時だ。赤ん坊牛が飛び出てきた。でも意識がない。貞則さんは鼻の中に藁を入れて意識を呼び覚まそうとしている。公子さんは「水かけっか？」といつの間にかバケツに水を持ってきて、赤ん坊牛の頭から思いきりかける。子牛はびくっとして気が付く。「あ、よかった。牛の出産は何度やってもドキドキするよ」と公子さんは言いながら嬉しそうだった。

体を拭いてもらった子牛は、一輪車に乗せられて牛舎に運ばれる。一瞬、子牛は母親と目があった。気が付いた子牛は母親に近づこうとするが、そのまま運ばれていった。私は子牛と母親牛がなぜ一緒にいられないのかと思い、中島信子さんや長谷川花子さんに聞いたことがある。いわく、情が移ってしまう、自分の子どもだけにミルクをやるとミルクがたくさん余ってしまう、ミルクにしないと母乳だとどれくらい飲んでいるかわからない、などの理由によるのだそうだ。

牛舎に入った子牛はすぐさまヨロヨロしながら、一生懸命立とうとする。立ってよろけてしりもちをつく。それでもあきらめないで立ち上がろうとする。両足を踏ん張って、ゆらゆらとふらつきながらも立ち続ける、その姿に、私は心打たれた。

「牛飼いは二人三脚でないとできないの。2人とも同じ方向を向かないとうまいこといかないのよ」と公子さんは言った。その言葉に、たとえ荒波があっても貞則さんと2人でやり続けてきた牛飼いの誇りを感じた。

牛飼いの仕事は二人三脚でないとできないの。子牛を引っぱり出す公子さんと貞則さん

長谷川花子さん「原発さえなければ、家族で暮らせたんだな。最後は家族で暮らしたい。みんなで暮らしたい」

乳搾りをどうするか

飯舘村で私が最初に訪ねた家は、酪農家、長谷川花子さんの家だった。花子さんの夫・健一さんはすでにマスコミでかなり取り上げられ、テレビや新聞に登場していた。それだけでなくご自分でカメラを持ち、飯舘村で何が起こっているのか記録をしている人だった。私もテレビで長谷川さんの顔には見覚えがあった。花子さんは少し小柄だが、エネルギッシュな女性で、一時も止まることなく働き続けていたのが印象的だった。私たちが訪ねたときも、花子さんは朝、夕方と日に2回は乳搾りを続け、その間にも裏山に飼っている数十頭のイノシシの餌やり、家族の食事の用意などをしていた。

「お乳がしぼんできているし、いつどうなるかわからないし、餌を残しても仕方がないから、なるべくしっかり食べさせてやろうかなと思っているけど、飼料買ってミルク捨てたんではね……」と花子さんは3月に生まれた赤茶色の子牛にミルクをやりながらため息をついた。

夫や息子とともに35年間、酪農をやってきた花子さん

花子さんは2011年3月11日まで、飯舘村の前田地区の家で、健一さんのご両親、長男夫婦と孫、次男の8人家族で暮らしてきた。その家族を原発事故はバラバラにしてしまった。

原発事故の日

まず、3月11日当日の家の状況を尋ねてみた。

「私は家の奥の部屋にいたんですよ、そっちの奥に。柱の所にいればこの柱は折れないだろうって思って。いやー恐ろしかったたって。その時はそんなんでここは済んだんですね。奥の部屋のほうだけちょっと瓦が落ちて、じゃそんな被害なくてよかったねーって言いながらも、もう余震がすごかったですから。停電になっちゃいましたしね。発電機でとにかく乳は搾んなきゃなりませんので、発電機で電気を起こしました。何か情報を入れなくてはということで、テレビを見たんです」

娘さん家族は、子どもたちが怖がったため夜にやって来て、それから3日間泊まることになった。夫と次男以外はみんな1階でごろ寝をした。

「ミルクは夜、発電機を使って搾ったんですが、次の朝、お父さんは近所の人たちのことを心配して電話をかけたんですよ。そしたら1軒は隣から機械借りて搾ったというし、もう1軒は夜の11時までかかって手で搾乳したっていう話を聞いて、『じゃこれから機械持って行くから乳搾りしないで待ってろ』って言って、交代、交代で搾るようにしたんですよ。そして電気来るまでと思って3日か4日かな、そのぐらい交代でやっていましたね」

それまで放射能のことは知らなかった

「お父さんは15日の夜、『皆、集まれ』ってことで、同じ区の皆さんを集めて、公民館で説明したんですよ。それまでお父さんは放射能のことを知らなかったの。すごい放射能が高い時期だったというのを聞いて。役場前は40マイクロシーベルトぐらいあったんだそうです。もう飯舘の一番高い所は100で振り切れたそうですからね。その頃は頭にシーベルトなんて全然無いですから。それでもとにかくみんなに知らせて、こういうわけだよと話したの。やっぱりみんな心配で全員集まったのね」

その日、健一さんが帰って来てから、花子さんの義理の父母は千葉にいる健一さんの弟のところに預けたほうがいいということになった。結局、車は8人乗りだから孫たちも連れて行ったほうがいいということになり、長男家族、娘家族も行くことになった。

「今度会えるのはいつになるのかなという気持ちでした。お父さんは長男があやふやな感じがしたと思っていたみたいですが、うちの息子は、ここには戻って来ないって気持ちで出て行ったっていうことを後で聞きました。実は嫁のお腹の中には2人目が入っていて、原町に行ったのは、病院に行ってきたんだったの。

長男はそれが言えない状態で千葉に行っちゃったわけ。息子としては赤ちゃんのことが一番大切だと思っていたから行ったのね。でも残された牛を抱えるお父さんの気持ちを考えると悩んだみたい」

「義弟は8人全部面倒見ててくれたんだけど、面倒見てもらう人も大変、面倒見る人も余計大変だと思うのね、自分の家族だけで生活していた所にね、どっとこられたら。普通は大変ですもんね。それが結構続いたもんですから、一回戻ってきたほうがいいよっていうことで飯舘の実家に戻したんですよ。

やっぱりあっちでも葛藤があったみたいなんですよね。最初はうちの婆ちゃんがもうおかしくなっちゃって、やっぱり神経性のものですね。みんなもう大勢で賑やかなものだから、婆ちゃんらはいつも自由ですから、自由にテレビを見てのんびりしているんですけど、そういう所に行ってからは自由な時間ないですよね。ですからもう変になってきちゃったみたいなんですよね。

私の娘は仕事を持っていて千葉に行けないから、娘の旦那さんと孫たちもお母さんに会いたいわけですよ、もう何日も別々に生活したことなんてないから。毎日泣いていたみたいです」

飯舘村は4月22日、東京電力福島第一原発事故で、「事故発生から1年の間に放射線の積算線量が20ミリシーベルトに達する恐れがある」として、国によって計画的避難区域に指定された。村の様子は毎日のようにニュースになり、全国的に知られるようになった。

牛を出す日

「なんでこんな一生懸命ねやってきたのが（殺されなければいけないのか）、本当に自分の家族として（牛たちと）生活してきて、私ら牛乳を売ってそれで生活しているわけですよね。牛はダメだから、じゃ廃牛にしようっていうふうな思いだったら（そんなに簡単に決断できるなら）最初からそういう風な気持ちになるでしょう？　でもそうではなく（そう思えないのに）今は助けられない。飯舘は移動禁止区域になっていますから。この牛乳ね、三回も調べて、クリアしているんです。もうスクリーン受けてもクリアしているのに。それなのになんで飯舘の牛は移動してはダメなのか。移動するのは屠畜（のため）だけ。『なんでですか』って言ったの。屠畜に行くということは殺されるということですよね。それを分かっていても出さないわけにはいかないんです。

でも助けたい牛いっぱいいるんです、私、毎回言ってお父さんに怒られているんですけど、『お父さんこの牛は助けてやれないの？　この牛は助けてやれないの？　こんなに一生懸命息子が育てたのにダメなの？』って。

うちの息子は『ごめんな』って、『うちにきたばっかりにこんな目に遭わせちゃってすまない』って言っていた。本当に情けないです」

5月始め、私が初めて福島県飯舘村を訪ねたその日は、前述したように、なんということか、飯舘村に11軒だけ残った酪農家が、自分たちの乳牛を屠畜に出さなければならない最初の日だった。

最初に向かったのは比曽地区の中島洋子さんと夫の好元さんの家だった。好元さんは一頭ずつ牛の手綱を引きながらトラックに乗せていった。トラックに6頭が入り終わったら出発する予定だ。すると洋子さんが「ごめんね。ありがとう」を繰り返して牛たちから離れようとしなかった。好元さんも「ありがとう」と繰り返している。しばらくすると牛を積んだトラックは離れていった。

中島洋子さんは酪農家で一番先に牛に別れを告げた

◀長谷川家の本家の牛を親戚とともに
トラックに積む健一さんと花子さん

その次は中島信子さん、明大さんの家だった。信子さんは45年も牛の仕事一筋でやってきた人だ。信子さんもトラックから離れようとせず、牛たちに声をかけ続けていた。

最後の11番目は花子さんの家の番だった。朝、長谷川家に行くと、息子の義宗さんは前夜遅くまで作った最後のタテゴ（牛の頭と顔にかける専用のロープ）を牛たちにかけていた。牛を積むトラックが長谷川家にやってきた。これで牛たちとはお別れだ。長谷川さんと花子さんは、今にも泣きそうだった。

長男が牛にかけていた手綱を外すと健一さんが牛をトラックまで引っ張っていく。しかし牛はトラックの踏み台のところまで来ると止まってしまった。何かを感じているのか、それ以上は一歩も動こうとしない。健一さんや仲間があの手この手を使いながら手綱を引っ張ると、ドターンを大きい音を立てて、牛は崩れ落ちてしまった。腰を抜かしてしまった牛もいれば、右に左に動き回り、踏み台を登ろうとしない牛もいた。牛もいつもとは違う空気を感じていたのだ。

健一さんはトラックの中の牛を眺めながら、「一頭、一頭、思い出があるんだ」とつぶやいた。最後の牛を入れた後、扉が次第に閉まっていく。花子さんは牛たちに言葉少なにバイバイというと、牛舎に向かっていった。仲間たちとは1人離れ、一心不乱に牛小屋を掃除している花子さんの姿は、悲しみを押し殺しているかのように見えた。

花子さんは理髪師だった

花子さんの実家は300代続く農家で、父親は村会議員を務めていた。家では、葉タバコ、養蚕なども手掛けていた。よく家の手伝いをしていが、一度は外の世界を見たいと、高校を卒業すると同時に理美容学校に通うようになった。花子さんはスーパーでアルバイトをしながら学校に通った。その後、福島県伊達郡川俣町に移り、住み込みで1年間、見習い修業をし、理容の免許を取った。お礼奉公でさらに1年間を過ごした。店を出そうかと思っていた矢先、高校の同級生だった健一さんと再会し、1975年、結婚することになった。

「かなり親にも反対されましたけど、本当に手に職まで持たせてまだ百姓やるのかって。うちのお父さんとしては職を持ってれば食いっぱぐれがないからっていうことで、姉は美容師に、私は理髪師で、もう喜んでたんですよ、うちの親としてはね。それなのに農家へお嫁さんに行ちゃって、そのとき本当に反対されました。もうすごかったですよ。仲人さんがいっても許さないっていう感じだったですから。でも、あの、わかっていましたので既成事実を作っちゃいまして……。でもね、結婚してからはうちのじいちゃんは本当に自分の息子より夫のことを可愛がってくれましたね」

義父母は前田地区で開拓

夫、健一さんの曾祖父は新潟県北蒲原《きたかんばら》郡で次男として生まれた。次男だから家を継ぐわけにはいかず、飯舘村に入植した。義父の利治さんは7人兄弟の次男として1931年に飯舘村宮内地区で産まれ、育った。終戦後で当時は食糧難で食べ物がなく、利治さんは家族とともに前田地区で開拓に励んだ。

「開拓した場所は、熊も出るような山奥で、松の木も（両手を広げて）こういうやつ、百年からのやつがこの辺一帯、鬱蒼として繋っていた。すごい山の中だったんだ。無論、道路もなかった。道はね、人が歩くだけの、くねくねした道だった。

米は非常に貴重なものだった。父親は田んぼができるところがあるから、そこのところを利治にやらせるんだということで、一生懸命になって段取りを作って、私も他に行くということは考えなかった。親が『こうしろ』と言ったら、そうするもんだと思って。で、ここで百姓として、農家として、やっていこうと決心した」

当時の開墾は機械などもなく、唐鍬《とうぐわ》とか万能鍬《まんのうくわ》で一鍬一鍬掘ったという。

隣で聞いていた義母の智恵子さんは「そんなこと知らないで……」とつぶやいた。開墾をやらされるなんて夢にも思わないで嫁に来たという。嫁に来たらすぐ開墾をやらされて、のびてしまうくらいだったという。その頃、田んぼは非常に値打ちがあった。昔は2町歩（2ヘクタール）も田んぼをもっていれば、一生暮らしていけた。利治さんは話し続けた。

「私は必死になって息子に遺したい、譲りたいという考えで、一生懸命田んぼ作りをやった。しかしその後、だんだん田んぼの値打ちがなくなって、それから原発事故で何の値打ちもなくなった。だからあれだけ苦労して、自分で息子に遺したいなぁ、孫に遺したいなぁと思ってやってきたことが、何にもなくなっちゃって、こんな残念なことはないな」

と肩を落とす。

花子さんが結婚する前、義父利治さんは海産物の行商を始め、牛をやめると智恵子さんが牛をやるようになった。ところが智恵子さん一人では回らなくなったために、牛をやめようかという話にまでなった。そこで健一さんが「牛（酪農）をやる」ことに決めたというわけだ。

花子さん、べこやの母ちゃんになる

それまで牛を育てたこともない花子さんが、結婚当時、牛飼いになるきっかけは、何だったのだろうか。

ある日健一さんから子牛を3頭預けられ、「おめえに預けっからミルク飲ませてくれ」と言われた。子牛を預けられた。当時は子牛にミルクをやるのに、今のように便利な乳首のついた哺乳用バケツなどなかった。最初は戸惑いながら、どうしたら飲ませることが出来るかを考えた。そして、自分の指を吸わせて飲ませればいいんだ、と気づいたという。子牛たちは喜んで花子さんの指にむしゃぶりついてミルクを飲んだ。花子さんはバケツの中に指を丸めてミルクを入れてそのまま子牛に飲ませた。

ミルクをやることには成功したが、彼女の指は子牛たちにしゃぶられすぎてザラザラに荒れてしまった。でもそのときから花子さんは、自分の指に絡みつく子牛が可愛くてたまらなくなった。や

牛を見送るとき涙を見せなかった花子さんだが牛舎で一人泣いたという

がてその子牛たちが大きくなって乳を搾れる牛になったという。こうして花子さんは牛飼いのお母さんになったのだ。

「夫は自分で考えがあって育成資金を借りて、牛をやるんだってのがあったみたいです。私は知らないで来たんですけどね。もう子牛はなきますからね、お腹がすいて。そのころ哺乳バケツもなかったんですよ。乳首ついてるようなバケツもなくて、それで自分の指を吸わせながら飲ませたんですね。すごく喜ぶんですよ。それを見てると可愛くなって」

花子さんの家は、酪農だけではなく、義理のご両親は米作りをし、大根、トマト、キャベツなど野菜を作る大規模農家でもあった。2000年ごろからは加工グループ作って、イノシシ肉の販売やそば作り、お弁当作りも手掛けていたという。

「飯舘村は全部、頑張っていかないといけないの」

2011年8月、長谷川家は伊達市にある伊達東仮設に避難することになった。避難が遅くなったのは健一さんが前田地区の区長をしていたため、地域の人たちが避難するのを待っていたためだ。花子さんは健一さんと義父母とともに伊達東仮設に避難し、長男家族は山形に、次男は仮設住宅に近いアパートに、離れ離れになって避難生活を送ることになった。花子さんは仮設住宅の中ではまだ若いほうで、管理人を引き受けることになり、仮設住宅にいる90世帯145人のお世話をすることになった。

2011年、初めての暮れがやってきた。長谷川家では新しい年を迎える準備が進んでいた。正月用の花を生けながら、花子さんは語った。

「毎年だと、30日は買い物してね。31日は正月の準備なの。今までだったら長男夫婦、長男の娘、次男坊、自分ら4人で本当は8人で越せたらいいなと思っていたけど、飯舘に連れてくることはできないから、明日は4人で年越しです。でも毎年のことですから、飯舘に帰ってきたから、神様だって飯舘にありますからね。しめ飾りを飾って、お供えをして、すごい1年だったけど、年だけは越さなくちゃねと思っています」

食事が終わって一人になってから、花子さんはこの年を振り返るように話をした。

「でもやっぱり原発さえなければ、家族で暮らせたんだなって。でなかったら9人になったんだよねって。でもこれもね、いろんな経験を与えられたのかなって思ったけど。でもやっぱり最後には家族で暮らしたい。みんなで暮らしたい。私だって皆で暮らしたい。それだけ。それがあと何年後になるんだか、もう暮らせないんだかわからない。でも暮らしたい。誰だってそう思うと思う」

そのころの花子さんは、伊達東仮設住宅の管理人として半年がたち、管理人の仕事とともに、夫と両親の世話をして、大変な思いをしていたと思う。

「頑張って、みんなで頑張っていかないと。そう、飯舘村全部、頑張っていかないといけないの。皆で。飯舘村、頑張っていかないと。仮設の145人がいるから頑張らないと。（私）一人の肩にかかっているから。頑張って。皆、元気に過ごしていただかないと。自分の体が続く限り、頑張っていかないとね」

と自分で自分を励ますようにギリギリの気持ちを話してくれた。

仮設の中では死にたくない

2012年5月、仮設住宅に入って1年がたとうとしていた。一緒に引っ越してきた義理のご両親も一緒に暮らしていた。伊達東仮設は小学校の跡地に建てられたものだが、その敷地面積は長谷川家の家と土地全部を合わせた面積に匹敵する。それだけ長谷川夫妻は広いところに住んでいたのだが、この仮設住宅では4畳半2間にご両親と4人で暮らしていた。奥の4畳半にはご両親の寝室があり、台所につながっている4畳半には長谷川夫妻の寝室があった。仮設住宅には孫もくることがあったが、その時は居場所がないぐらいの狭さだった。

村長は最初2年で帰れると期限を切っていた。もうすぐ仮設住宅で2年目を迎えようとしていた。花子さんはお年寄りの気持ちを代弁した。

「村長に『申し訳ないけどあと2年延びるよ』と言われた時、お年寄りの人たちの気持ちは大変だったと思う。自分らにはそんなに時間がないんだって。おれはあと何年生きられっかわからないって言うんだから、みんな。それなのにやっぱり自分のうちに帰りたいって。ここで近所の人たちとお茶のみの時はいいって。でも夜になるともう帰れるんだろうかなって思うって。仮設の中では死に

管理人の花子さんは手先が器用で仮設の皆さんに小物やかごなど作り方を教えていた

仮設での避難している人たちを支え続けた花子さん

たくないって」

長谷川家の除染

２０１４年から本格的に花子さんの家の除染が始まった。まず家の後ろの居久根の木が切り倒された。居久根の木とは、前述のように結婚のとき家のまわりに植え、子どもたちが結婚して家を建てることができるように植えられたもので、年月が経ち、大きくなっていた。切り倒された居久根の木は行き場もなく横たわっていた。除染が始まる前にモニタリングがあり、線量の高いところには印がつけられた。

花子さんは除染のやり方に手抜きがあることに対して疑問を持っていた。

「（除染の人たちに）だまって任せておくと、だめみたい。だからちょくちょく行って様子見てくださいって村からも言われている。やっぱり自分のところは自分で見張ってくださいって。手抜きがすごいからって」

私も除染作業を見ていたが、たしかにそのやり方をみていると、たくさんの作業員がリレー式にバケツをただ手渡ししているが、回ってこない作業員はただ立っているだけだ。２〜３人で手早くしたほうが早いのではと思った。

「やっぱりこの庭だってそうだけど、きれいに除染してもらっていないからね。ただ掃除して上に土をちょっと乗せた。それが一般的な除染みたいになってるけど、本当の除染っていうのは線量を下げるのが私は除染だと思う。でもパフォーマンスと同じ。ただ『はい、やりました』という跡があるとこはまだいいけど、やらないところがすごくいっぱいあるわけだから。だから本当に皆さんの税金、もったいないなって思うね。どこにお金が入っているのか。お金をかけてやるのだったら、やっぱりみんなが安心できるくらいに線量を下げてもらわないと。『国でいくらぐらい下げろと言われてるの?』と聞くと、『それは言われていません』というのが一般的な作業員の答えなのね。だから本当にパフォーマンスなのって言いたくなると思うのね。

国で1ミリシーベルトって騒いだわけだからさ、やっぱり近づけてほしいよね。そして『もう帰れ』でしょ。『お金がどんどんかかるから、帰れ』。それはないでしょうって。自分らは本当にお金出してるんだ、精神的慰謝料を出しているんだっていうつもりでしょうけども、私らにとっては何も悪くないんだから。そもそも悪いのは東電であって、私らは何にも悪くなくて(村を)出されたわけでしょう。それなのに帰ってきたとして再生ができないわけね。昔みたいに。だから補償っていうのはね、昔みたいに再生したときに補償を止める、それが普通じゃないかなと思う。それが、『はい、じゃあ帰村しました。じゃあ1年で補償は終わりですよ』って、私らは人間じゃないのかなって」

帰村することにした

飯舘村の帰村について、長谷川家でもずいぶん話し合いが行われた。2014年も押しせまった12月、花子さんが話し始めた。

「お父さん（夫）とずいぶん話をしたの。そしたら『やっぱり若い人たちは若い人たちで住んだほうがいいだろう』って。お父さんは今でも孫と暮らしたい。でも孫とは暮らしたいけれど、爺ちゃんや婆ちゃんが行ったときに、私らは孫たちと対応できるかもしれないけど、婆ちゃんがちょっと戸惑うんではないかなって。今だって、孫たち来てうれしいのはうれしい。子どもたちが来てうれしいのはうれしいけど、やっぱり認知症だから、わからない時が結構ある。そうなると一緒に暮らしたとき、どうなのかなって。そうなるとちょっと、子どもに迷惑かけられないなと思ったし、だったら手伝ってほしいと言われた時ぐらい行けば、あとは自分らの生活を大切にしたら、ということで、『私らは飯舘に帰るからね』ってことにしたの」

いろいろ悩んだ末の決断だった。当初は長男の義宗さんが家を建て、家族みんなで暮らす予定だった。しかし避難生活が長引き、再び一緒に暮らすのは難しくなっていた。

「だから本当にもう原発事故があったために余計な心配をしなくてはならないんだよね。でなかったら、今までは本当に家族全員で生活できたわけなんだから。……長くなればなるほど、お年寄りだって年をとるわけだから、いつまでも元気でいられるわけじゃないしね。私らだってそうだし、みんなそうなのよ。子どもたちが育つようになってね。もうみんな疲れてきているの。疲れもあるし、諦めもあるし……」

２０１６年10月、35年間以上働いた飯舘の牛舎が壊されることになった。解体は危ないからと現場近くに近寄ることはできなかった。それでもどんなふうに壊されるのか見ておきたかったので、私と花子さんは家の横から入っていって、まるで他人の家に入るように忍んで中庭まで入った。ちょうど作業員の人たちは昼休みでいなかった。牛舎の中は空っぽで、骨組みだけ残っていた。花子さんは牛舎の前に立ち、しばらく動かなかった。

「ここからここまでが、私ら初めて作った牛舎。一輪車で砂の生コン練って、自分たちで運んで自分らで作ったの。どんどん牛が増えていって、増築したの。あれはうちの親せきから家を壊したときに廃材頂いて作ったの。みんな廃材を利用している。40年がパー。何にも残んないね。本当に。これ見るとがっかりするから」とポツリと話した。

牛舎の解体は続いている。花子さんは2階から解体の様子を眺めながら、夫の決断について話してくれた。

「とにかく（この土地を）荒らさないようにということ、先祖様からの預かったものをなくすわけにいかないじゃない。自分たちが動けるうちはと思っているみたいだよ。あとはどうなるかわからない。息子に預けるわけにはいかないし、それで若い人が戻ってくればだけど、夫は10年かそこらは動けると思っているみたいだから、何か動きださないとね、このままで荒れちゃったら誰も手を付けたくなくなっちゃうもんね」

２０１８年4月、花子さんは義理の両親と夫の健一さんと帰村したのだが、まだ伊達東仮設には行先の決まらない家族がいるために管理人を続けていた。義母は飯舘村の高齢者施設にすでに入っている。よって花子さん夫妻と健一さんの父の3人暮らしが始まった。80歳近くになる義父は元気で、毎日施設にいる妻のもとに通っている。

２０１９年4月、７年間、飯舘村前田地区の村民が避難していた伊達東仮設住宅が閉鎖された。

「ほんとうに、ここに来てからどうしたらいいいんだろう、どうしたらいいんだろうというだけで毎日過ごしてきたっていうのがありました。でも思い出はいっぱい、ありすぎるくらいねえ、あったの。

今までは嫁に来て何十年いたよりもこの8年間っていうのがすごく長いようで短いようで、なんて言っていいかわからないぐらい凝縮されてたみたいな、とにかく自分の持っているものを全部出して、皆さんをサポートしなんねえというのでいろんな覚えてきたことを出して出し尽くした気がしているの。

今は何にも考えられないというのはあるね。何も手につかないっていうか、そういう状態なの。放心状態みたいな。みなさんのためにでなく、自分のために、自分が本当に成長したなと思えるような7年間、8年間でした」

花子さんは管理人職を終え、飯舘村で健一さんとともに25町歩（25ヘクタール）ある広大な土地でそば作りを始めた。そばは土地をあらさないからという。村からの農業振興金の貸付けを利用し、大型機械を購入。近隣の仲間4人で前田明神そば生産組合を作り、そばの生産に励んでいる。花子さんの新しい日々が始まった。

健一さんの死

２０２1年10月、私が長谷川家を訪れたときはすでに健一さんの病状が悪化して、病院に入院した後だった。

健一さんは自宅療養中だったが、11日の朝、体調を崩して病院に運ばれた。私は悔やんだ。なぜもっと早く来なかったのか。

そばはちょうど刈り入れの時期に入り、昼間は、近所で一緒にそば作りに携わってきた佐藤忠義さん、高倉辰彦さんたちがそばを刈り入れ、花子さんが工場で選別作業をしていた。週末は福島市に住む長男や長女の夫が手伝いに来てくれた。

夜になると、花子さんは2月から記録し始めた闘病記を見ながら語ってくれた。

「2月17日に私が『お父さん、声が変だよ』と言ったときから騒ぎが始まった。3月から葛藤だった」と思い起すように語り始めた。

診療所から日本赤十字社福島赤十字病院に行き、がんが発見され、福島県立医大病院で調べてもらうことにした。医大でも予約をとって、検査予約を取って検査を繰り返した。しかしなかなかがんの本体が見つからず、結局1カ月くらいかかった。

健一さんのがんは甲状腺がんだった。5月5日に入院、6日に手術、8日に抜糸、9日に退院した。しばらくは放射線治療をやるということだったが、手術の傷口が塞がるのを待たねばならなかった。最初は局所的にやるつもりだったが、調べてみたら進行が早く全体に広がっていて、20回は首全部にあて、あとの15回は局所的にあてることになった。

2度目の入院をした健一さんは、「そば刈りしなきゃなんないので、こんなことしてられない」と自宅療養を選んだが、その頃の健一さんは自分の食道を通して食事をとることができず、鼻からチューブを入れて栄養をとらねばならなかった。花子さんは病院でやり方を覚え、以来健一さんが毎食時に鼻からチューブを入れて栄養剤をとれるよう手助けを続けた。口から食べられなくなるまで、花子さんは何を料理したら食べてくれるか、作るたびに工夫をしたという。

花子さんの献身的な看病にもかかわらず、健一さんの病気は進行していった。抗がん剤で健一さんの髪の毛が抜けていった。シャンプーすると、もう流れなくなるほど抜けた。健一さんがショックを受けると思い、起きた後、コロコロで全部枕の毛を取った。「なんぼ薄くなっていても『お父さん少しだけ抜けてきたね』ってそれだけ言っていたの」と花子さんは話した。

10月11日に病院に入院した健一さんには、コロナで家族でも会うことはできなかった。電話で話すことが唯一できることだった。それでも健一さんにとっては話すことも難しかった。

10月21日、花子さんは南相馬の病院に健一さんの電話のバッテリーと着替えを届けに行った。帰ってきた花子さんに健一さんに会った時のことを聞いた。

「主治医の先生が来てくれて『旦那さんに会いましたか?』『はい。会いました。でもうちの旦那さんとは違うような感じがしました。受け答えはきちんとしていましたが』というと、先生は『本人は頑張ってちゃんとしなくちゃという気持ちなんだと思います。でも薬の影響があると思います』

2021年10月22日、長谷川健一さん逝去。享年68歳

と話してくれたの」

私たちが訪ねた21日の翌日、健一さんは、喉の血管が切れて出血多量で亡くなった。

健一さんは、最後の力を振り絞ってナースコールをしたという。そして看護師がかけつけて、なんとか処置をして延命できたそうだ。花子さんが呼ばれたとき、健一さんは虫の息だったという。コロナ禍のために面会は2人しか許されず、花子さんと長男だけが看取ることができた。

3週間たってから、私は再び長谷川家を訪れた。花子さんは気丈にも健一さんが亡くなったため、書類の整理などで忙しそうにしていた。

花子さんは、「近所の仕事仲間の佐藤さんが、健一さんのことを『全くこの男は太く短く生きやがって』と言ってた」と笑いながら話した。「やることは大体やっていったべ。やることはやっていったけんちょ。残されたものは困るね。だから時々、『お父さん、ずるいね。私に預けて行くなんて、ずるい』って言うの」

そう言いながら、花子さんは、健一さんと最後に交わした言葉について語った。

「亡くなる日の朝、珍しく電話よこしたの。『手短に喋っからな』って言ったのよ。何を言うかなと思ったら、『会いてーな』って言うから『はぁー』って言ったの。『コロナで会えないもんな』って言うんだよ。『だな』って言ったらもう一回、『会いたいな』って言うから、なんと2回も言ったわと思って、『あら、冗談でも嬉しいべした』って言ったのが最後の言葉だから。まさかその日の夜に亡くなるとは思わないべした。

でもその言葉があったから寂しいと思わないし、何か言いたかったべなと思うんだけど。『有難う』っていう意味かと思って。勝手に解釈して。でもどんな言葉よりも良かったなと思う」

終章

それでも挑戦は続く
――母ちゃんたちのその後

避難した伊達東仮設住宅前の榮子さんと芳子さん

菅野榮子さん、菅野芳子さんのその後

2018年12月、菅野榮子さんと菅野芳子さんは7年間暮らした伊達東仮設住宅を去った。飯舘村は2017年3月、避難指示解除となり、村民は帰村することを許された。榮子さんと芳子さんは帰村するかしないかずいぶん悩み、悩みぬいた結果、帰村を決めた。

飯舘村は線量が高く、そのために家に帰っても田畑で野菜は作れず、何よりも榮子さんたちが大好きなキノコやワラビなどの山の幸を食べることもできない。今までの飯舘村とは違うところに帰るということを覚悟しての決断だった。

榮子さんたちには群馬県にある自立型の高齢者施設、ケアハウスからのお誘いがあった。榮子さんと芳子さんの2人分の部屋が用意してあるからということだった。榮子さんはそこで暮らしてみたいという希望もあったが、芳子さんは飯舘村の佐須地区で生まれ育った人で飯舘村を離れることができなかった。榮子さんは芳子さんと寄り添って生きようと思ったという。環境は変わってしまったが、自分たちはやはり先祖がいる飯舘村に帰りたい。そう二人は決心した。

帰村することが決まると、ご家族が榮子さんの家を新しく建て直すことにした。榮子さんも放射

線量が高い家をそのまま残すことはできなかった。家が壊される日、榮子さんの姿はなかった。後に榮子さんは、家がくずれるとき、ゴーッという音がしたと近隣の人から聞いたという。

しばらくして芳子さんも家をリフォームするつもりだったが、新しく建ててもあまりコストは変わらず、結局、芳子さんも新しい家を建てることになったのだ。

2人の漫才は飯舘村に帰ってからも健在だった。新しい家はオール電化で魚も焼けるようになっていた。しかし榮子さんも芳子さんも電気製品での魚の焼き方がわからない。二人はオール電化のわかる親しい友人が来た時だけ魚を焼いてもらっていた。友人も来なくてなかなか魚を食べられない日には、七輪を持ち込んで焼こうかと2人で笑いこけていた。

帰村に際して榮子さんが気にしていたのは、人とのつながりだ。飯舘村は原発事故前までは「までいなスローライフ」をスローがんに、人間らしく生きることを目指していた。

これまでは人と人のつながりが強く、村がひとつになっていたのが、7年もの長い避難生活の中で、人の心もばらばらになっていった。榮子さんはそれでも帰るんだと言っていた。それはつながる場がまだあると思っていたからだった。

榮子さんたちが住んでいるのは佐須地区だが、そこの老人会と福島を支援しているNPOふくしま再生の会が協力して、旧佐須小学校（学校の前身は明治9年に開設）の中に憩いの場を作っていた。

榮子さんたちがもう少し若かったころ、廃校になった旧佐須小学校を地元の人たちは寄合所として、青年団の集まりや山津見神社のお祭りなどの行事の折に、また打ち合わせや飲み会など、こと

佐須で加工グループを立上げた高橋トシ子さん、菅野榮子さん、菅野芳子さん。
仲良しの３人とも飯館村に帰ってきた

あるごとに使っていて、思い出のあるところだった。

２０１７年の帰村後は、足湯やスポーツや憩いの場として使われていた。しかし、地区の会議で旧佐須小学校は、建物の老築化などを理由に２０１９年12月に取り壊されることになった。お年寄りの多くは残してほしいと願ったのだが、かなわなかった。

その後、地区の公民館近くに同じＮＰＯの力でお年寄りが集まる場ができたと聞き、私も少しほっとしたが、それでも長年の思い出は返ってこないだろう。

２０１９年はふれあい茶屋や精米製粉施設の「ばんかり」など、村民が作ったそばや民芸品などが置いてあった交流の場も、相次いで取り壊された。

古い建物が壊され、新しい建物が並ぶ飯舘村。それが復興なのだろうか？　人々の気持ちには割り切れないものが残った。

かつて自然豊かだった村も、元の自然には戻らないし、放射線量が高いので山にも行けない。長い避難による住民の不在で、住宅地や耕作地には猿やイノシシが出没するようになり、野菜を作っても動物たちに食い荒らされた。

それでも榮子さんたちは負けてはいられないと、野菜や花を作るのをやめていなかった。裏の畑では野生動物にやられるので、自分の目の届くところを耕し、ナスやキュウリを作ったり、畑では寄付をしてもらったダリアなどの花を地元の人たちと一緒に育てた。満足はできないが、以前の生活を少しでも取り戻そうとしているように見えた。

旧作須小学校は１００年も続いた小学校。廃校後も地域の寄合所として使われてきた

芳子さんは旧佐須小学校の前身の学校に。子どもたちは旧佐須小学校に通っていた

2020年からは新型コロナ感染症の影響で、あれだけ訪問客が多かった榮子さんの家にも誰も行かなくなり、1人っきりの時間が増えた。特に2020年4月の緊急事態宣言からの2カ月間は、さすがの榮子さんもウツ状態になったという。

芳子さんは胃の手術のあと、食べる量が少なくなり、貧血気味になり、榮子さんも家の中にいる日が続き、2人とも足がすっかり弱くなった。お互いの家を一日一回、行き来するのがやっとになった。それでもお互いを見ると元気になったという。2人で生きてきた時間はたとえ将来的に離れ離れになろうとも大切なものとして残っていくことだろう。

菅野榮子さんの急死

2023年2月25日、菅野榮子さんが永眠された。あまりに早く逝かれたことに、私は驚きを隠せなかった。前年の10月始めにお会いしたのが最後になった。11月と12月に榮子さんから2度電話があった。榮子さんは何かを予感していたのか、何度も「映画を作ってくれてありがとう」と言ってくれた。

私はその後、長年の不養生が重なり、椎間板ヘルニアを患っていて、身動きもままならなかった。元気だったら榮子さんに会えていたのにと思うと、残念でならない。

榮子さんは自然に感情を出せる人だった。映画ができてからも何度も上映トークに登場して頂いた。持ち前の明るさと雄弁さで各地に榮子さんのファンができた。榮子さんが避難している仮設住宅には、榮子さんの漬けたお漬物が食べたいというお客さんもよく来ていた。榮子さんのサインが欲しいとやって来た女性もいた。被災者でありながら、人を元気づける人だった。

榮子さんはどんなにつらいときも笑いを絶やさない人であり、笑いでつらさや苦しさを吹き飛ばしてきた人だった。それだけ悲しみは深かったと思う。

もとのままの故郷で住みたいと思っていたであろう栄子さんの無念さは計り知れない。残されたものが、その無念の思いをそれぞれのやり方で伝え続けていくしかない。

中島信子さんのその後

私は2020年1月に飯舘村に行ったのを最後に、しばらくコロナ禍で通えない状態が続いた。東京では一日の感染者が数千人規模で出るのに、飯舘村ではコロナ感染者は1人もいなかったからだ。

私は取材対象者に密着し、日々、発せられる言葉、しぐさ、家族内での話などに耳を傾け、撮影するのが仕事だ。インタビューだけではなく、ときには食事もし、家に泊まったりすることで現実が見えてくる場合もある。コロナ禍ではそうしたことは不可能だった。それでも東京のコロナの感染者数が落ち着き、非常事態宣言が発令されなくなると、出かけて行って挨拶だけして関係がきれないようにと試みた。その間、中島家では異変が起こっていた。

２０２１年12月、信子さんに話を聞いた。２０１９年にはみごとな生育をみせていたメーブルワイナリーが翌年、２０２０年にはうまく育たなかった。それでもかろうじて出荷することが出来たが、２０２１年には正常な生育するメーブルワイナリーは少なく、一本も出荷できなかったという。「赤さびでダメだったの。葉っぱに赤い斑点つうか、そういうのがついちゃったの。地下に鉄分の多い土質があるとあんまりよくねえんだな。植物には」

信子さんたちは元気を失くしていた。

２０２２年4月、もしかしたら農園は閉じているかもしれないと思って恐る恐る行ってみた。すると、信子さんと長女静子さんが何やら植木をしている。今度はあんずの木だという。植木が終わると、二人は豆の種を植え始めた。「私、せっかくの休日なんだけど。種まきしているわ」という静子さん。

信子さんはメーブルワイナリーの畑に連れて行ってくれた。そこには芽を出している苗木が数株あった。昨年ダメだったメーブルワイナリーが息を吹き返していたのだ。うまくいったりいかなかったりしても、信子さん夫妻は試行錯誤を続けるつもりのようだ。季節は春で桜は終わっていたが、菜の花やつつじなどの花々が咲いていた。放射能でどんなに汚染されても、鳥はさえずり、花は咲き乱れる。信子さん一家の挑戦は続きそうだ。

◀何やかや言いながら母親の信子さんを助けている静子さん

原田公子さんのその後

２０２２年３月28日、コロナ第６波が少し収まったので、中島村に住む公子さんを訪ねてみた。いつもは元気いっぱいな公子さんは笑顔もみせず、少し疲れているようだった。

３月始めに電話で話をしたときは、夫の貞則さんが外の牛舎の前で足を滑らせ、足の骨を４カ所折って入院したと聞いた。それ以来、公子さんは子牛の世話はもとより、貞則さんの仕事の成牛の餌やりも全部１人でやって、夜帰るとそのままダウンするという。コロナ禍だからほとんど病院に会いにも行けていないという。電話だけはしているそうだ。南相馬市に住む息子さんが、時々、手伝いに来てくれているから大丈夫と気丈に語っていた。

いつも働いて体を動かしっぱなしの公子さんだが、その日の公子さんはさらに輪をかけたように働いていた。幸いその日は息子さんも手伝いに来ていた。貞則さんは３月半ばに退院したという。病院でコロナ患者が出て、入院を続けるのも難しくなり、退院し、リハビリに通うことになったらしい。退院したときの貞則さんはやつれていたと話していた。その日はお見舞いに行くのを遠慮して、またの日に伺うことにした。中島村に避難してから公子さんが一人になることはほとんどなかっ

子牛を慈しむようにミルクを与える公子さん

た。公子さんの働く姿を見て、夫と二人でやってきた牛の仕事を懸命に守ろうとしているように感じた。

次に訪ねたのは6月17日だった。思いもかけず貞則さんが姿を見せた。リハビリも進み、元気に回復しているとのことだった。「やることがいっぱいあるのよ」と、公子さんの顔に元気が戻っていた。やはり二人で働いている姿を見るのはいいものだ。貞則さんは機械で牛のエサのロールを運び、公子さんはそのロールを積んだトラックを運転し、牛舎に運んでいた。

牛舎では、新しい子牛が育っていた。産まれたときは未熟児の牛だったそうだ。その子牛のために公子さんはいつもよりも多くミルクをやりに牛舎に来る。朝早くから夜中まで、何回かに分けてミルクをやるという。公子さんはどんな動物でも弱い者には力を注ぐ。以前、「弱い牛には手をかけてやらないと生きていけないのよ」と言っていた言葉が浮かぶ。その子牛にミルクをやるとき、公子さんは目を細めていつくしむような顔をする。本当に心から牛が好きなんだなと思う。ミルクをやり終わった公子さんは、「はい。いいこちゃんでした」と子牛に向かって声をかけ、「かわいいから適当なことできないのよ」と次の仕事に取り掛かっていった。

長谷川花子さんのその後

2022年7月、私は花子さんの家に泊めてもらった。花子さんは健一さんが残した甲状腺がんと甲状腺扁平上皮がんのファイルを見せてくれた。

「私はせっかくお父さんがこうして残したので、何かの形にしたいと思う」という。「お父さんは映像から写真からいろんなデータから『先生、それもらえるかい？』って全部もらって、それをファイルにとめていた。だから何かあった時のためにって思って取ってたんでしょうね」

花子さんも健一さんも、日記を残しているという。花子さんは健一さんの何か残したいという気持ちを受け止めているようだった。

翌朝、早くから起きて味噌汁や煮物を作っていた。健一さんは食べれなかったから、四十九日の間は料理を作ってお供えをしてあげたいと言っていたが、一周忌が過ぎてもその年が終わるまであげていた。

食事が終わって花子さんが住む飯舘村前田地区を出たら、そば畑にちらほらと白いそばの花が咲いていた。

「ちょうどお父さんが亡くなった日は、家のそば刈りが終わった日だったの。だから本当に見てて亡くなったみたいだもんなって」。そう言いながら花子さんは、「これ、お父さんにあげるの」とそばの花をいくらか摘んでいた。

「個人でやっている畑が今、25町歩。うちのお父さんが作っていたやつをうちの息子と娘の婿殿2人で頑張って模索しながらやっているみたい。だからどんなのができるか、わかりませんけど。でもまあ息子は息子なりにいろいろ勉強して、婿殿は一生懸命手伝ってくれてるし」

「みんなに教えなくちゃっていうのがあったけど、教えてこなかったからね。だって自分だってそんなに早く悪くなるとは思わないから。徐々に教えていけばいいというのがあったからね」

その年、健一さんが見守っているかのようにそばはきれいな花をつけ、秋には見事な収穫に恵まれた。

おわりに――映画を撮り、本ができるまで

２０１１年から取材を続けてきた映画『飯舘村の母ちゃんたち――土とともに』の第１作（２０１6年）と、映画『飯舘村　べこやの母ちゃん――それぞれの選択』第2作（２０２3年）を合わせた本がやっと完成いたしました。何と12年もかかってしまいました。

飯舘村に行き、最初に出会ったのが、牛飼いの母ちゃんたちでした。長年手塩にかけて育ててきた牛たちを屠畜するために手放す日、私は出会ったのです。そしてそんな辛い日に出会ったのだから、私はずっと母ちゃんたちを撮り続けようと思いました。

２０１１年、２０１２年は母ちゃんたちの行動は、休業する、牛を屠畜に出す、避難する、仮設に入るなど変化がありました。しかし翌年、国による避難区域の再編を行い、動きが少なくなりました。私は仮設の日常で何を撮っていいかわからなくなりました。

そんなとき、仮設に避難してきた菅野榮子さん、菅野芳子さんに出会いました。仮設で暮らす年配の女性たちの話を聞いていたらとても興味深かったのです。そのまま映画として撮影することになりました。この本の第1章の部分です。

菅野榮子さん、菅野芳子さん、お二人からは飯舘村の生活、文化（特に食文化）を学ぶことができました。映画では表せないところを本の第2章にしました。

最初の映画が完成し、２０１１年から取りかかっていた牛飼いの母ちゃんたちはどうなっていっ

たのか、帰村するのかしないのか、何とか最後まで撮り続けなきゃいけない。２０２１年までの10年間を撮り続けようと思いました。それが第2作目の映画で、本では第4章のところです。

しかし２０２０年からコロナ感染が始まりました。コロナ感染がひどい時は東京から飯舘村に行くことなどできず、撮影はストップしました。それでも下火になるとＰＣＲ検査を受けて村を訪ねるということを繰り返しました。

２０２１年の最後の撮影はとても厳しい撮影になりました。長谷川花子さんのパートナーの健一さんが甲状腺ガンに罹るという深刻な事態が起きました。コロナ禍でもあり、頻繁に長谷川家を訪れることもできず、やっと行ったときは健一さんの病気が進行していたのです。思いのほか悪化し、1年もたたない間に亡くなってしまいました。花子さんは大丈夫だろうか、この映画のストーリーはどうなっていくのだろうかと悩みました。でもそんな私の心配をよそに、花子さんは気丈な人でした。後ろを向くのではなく、前を向いて生きておられました。そしてそのまま3人の母ちゃんの映画のストーリーになりました。

２０２２年末、やっと映画と本の大半が完成いたしました。しかし同時にその頃、今度は私の体がおかしくなっていました。２０２２年10月末から始まった私の腰痛は足にまで及び、椎間板ヘルニアと診断されました。何とか簡単にすませたいと手術を受けるのは最後まで避けようとして、何度も痛み止めのブロック注射を打ちました。しかし私のヘルニアは複雑で、手術は避けられませんでした。２０２３年に入れば、映画の宣伝や劇場公開の準備が始まる。気が気ではありませんでした。年末年始をはさんで、体が痛みで動かなくなり、1月半ば手術に踏み切りました。1月終わり近くなって、退院できました。全快ではないのですが、あれほど痛かった痛みが取れ、身体を起して歩くことができるようになりました。

この映画は、原発事故から人生が変わった5人の母ちゃんたちの物語です。普段は見せてくれないプライベートな素顔も含めて人生の一部を切り取らせてもらった映画です。母ちゃんたちは撮影させてくれただけでなく、私を家に泊めてくれ、撮影を続けさせてくれました。そんなご厚意に報いるためにも、この本を世に出したいと思います。

原発事故から12年目の今、すでに事故のことがニュースではなくなっています。12年前に起こったことすら忘れ、原発の再稼働や次世代型の原発建設など叫ばれています。こういう時代にこそ観てほしい映画であり、読んでほしい本です。

いつの時代にも残るものにしていきたい、原発事故の経験のない世代にも伝えられるように残っていってほしいと思います。

本書の取材に心よく応じてくださった飯舘村の皆さまをはじめすべての方々、映画を支援し、資金集めから制作、宣伝まで助けて頂いた映画『飯舘村の母ちゃん』制作支援の会の皆さま、そして支援して頂いたすべての皆さまのおかげで映画ができ、本を書くことができました。この場をお借りしてお礼申し上げます。

終わりに執筆にあたって助言を頂いた菅野哲さん、多田宏さん、菅野永徳さん、山元隆生さん、出版にあたり大変なお世話になった出口綾子さんをはじめ皆さま、心から感謝とお礼を申し上げます。

2023年6月10日

古居みずえ

●著者プロフィール

古居みずえ（ふるい・みずえ）…1948年生まれ。フォトジャーナリスト、映画監督。アジアプレス・インターナショナル所属、日本ビジュアル・ジャーナリスト協会会員。1988年より紛争下における中東パレスチナ、イスラエルの人々、特に女性や子どもたちに焦点をあて、取材活動を続けている。中東の取材を続けるかたわら、2011年から東京電力福島第一原発事故をきっかけに、福島県飯舘村に通い、撮影を続けている。

主著:『インティファーダの女たち　パレスチナ被占領地を行く（増補版）』『ぼくたちは見た　ガザ・サムニ家の子どもたち』（ともに彩流社）、『ガーダ　女たちのパレスチナ』『パレスチナ　戦火の中の子どもたち』『瓦礫の中の女たち』（いずれも岩波書店）。

ドキュメンタリー映画：『ガーダ パレスチナの詩』『ぼくたちは見た　ガザ・サムニ家の子どもたち』『飯舘村の母ちゃんたち　土とともに』『飯舘村　べこやの母ちゃん　それぞれの選択』

受賞：第6回石橋湛山記念早稲田ジャーナリズム大賞受賞、第12回平和・協同ジャーナリスト基金第1回荒井なみこ賞受賞。第3回座・高円寺ドキュメンタリーフェスティバル コンペティション部門大賞。

＊公式ホームページ：「古居みずえ WORLD 望郷の地」

飯舘村《いいたてむら》の母《かあ》ちゃんたち
――福島《ふくしま》・女性《じょせい》たちの選択《せんたく》

2023年７月25日　初版第一刷

著　者　古居みずえ ©2023
発行者　河野和憲
発行所　株式会社 彩流社
〒101-0051　東京都千代田区神田神保町3-10　大行ビル６階
電話　03-3234-5931
FAX　03-3234-5932
http://www.sairyusha.co.jp/
編　集　出口綾子
装　丁　竹井 賢
印刷　明和印刷株式会社
製本　株式会社村上製本所

Printed in Japan　ISBN978-4-7791-2896-7 C0036

《彩流社の好評既刊本》

山に生きる　福島・阿武隈
4-7791-2892-9（23年05月）

シイタケと原木と芽吹きと
鈴木久美子 著・本橋成一 写真

シイタケ原木の代表的産地だった福島県都路町。事故後、里山での生業を奪われた人々はどうしているのか？　現地に通い続けた著者が人々の素朴な言葉から自然とともに生きてきた暮らしのありようを本橋成一氏の力ある写真とともに伝える。四六判並製 2200円＋税

福島のお母さん、いま、希望は見えますか？
棚澤明子 著
4-7791-25614（19年02月）

健康不安、分断、バッシング、痛み、閉塞感…その先に見えるのは？　前作『福島のお母さん、聞かせて、その小さな声を』で、被災したお母さんたちの心のヒダや迷い、哀しみをていねいにつむいだ著者のその後の母たちを追ったルポ。　四六判並製 1800円＋税

なじょすべ――詩と写真でつづる3・11
山本宗補 写真・関久雄 詩
4-7791-2562-1（19年03月）

原発事故後の福島の人々や情景を追い続ける写真家。福島県から山形県に家族を自主避難し、佐渡で子どもの保養キャンプを続ける被災した詩人。美しく、時には怒りを誘う写真。悲しみと憤りを静かに映し出す詩。詩と写真で綴る3・11　A5判並製 1800円＋税

テレビと原発報道の60年
4-7791-7051-5（16年05月）

七沢潔 著　視聴者から圧倒的な支持を得て国際的にも高い評価を得たNHK『ネットワークでつくる放射能汚染地図』他、チェルノブイリ、東海村、福島などの原子力事故の取材を手がけた著者。国が隠そうとする情報をいかに発掘し、苦しめられている人々の声をいかに拾い伝えたか。報道現場の葛藤、メディアの役割と責任とは。四六判並製1900円＋税

東電刑事裁判　問われない責任と原発回帰
海渡雄一・ 大河陽子 編著
4-7791-2641-3（23年 08月予定）

岸田政権は原発回帰に急速に政策転換している。その中で東電元経営陣に対する刑事責任を問う裁判で無罪判決が下された。その危険な論理と、さらに高速炉の日米共同開発や福島イノベーション・コースト構想の最新情報も解説！　A5判並製1300円＋税

ホハレ峠
4-7791-2643-7（20年04月）

ダムに沈んだ徳山村　百年の軌跡
大西暢夫 写真・文

「現金化したら、何もかもおしまいやな」。日本最大のダムに沈んだ岐阜県徳山村最奥の集落に最後まで一人暮らし続けた女性の人生。30年の取材で見えてきた村の歴史とは。血をつなぐため、彼らは驚くべき道のりをたどった。各紙で絶賛！　四六判並製 1900円＋税